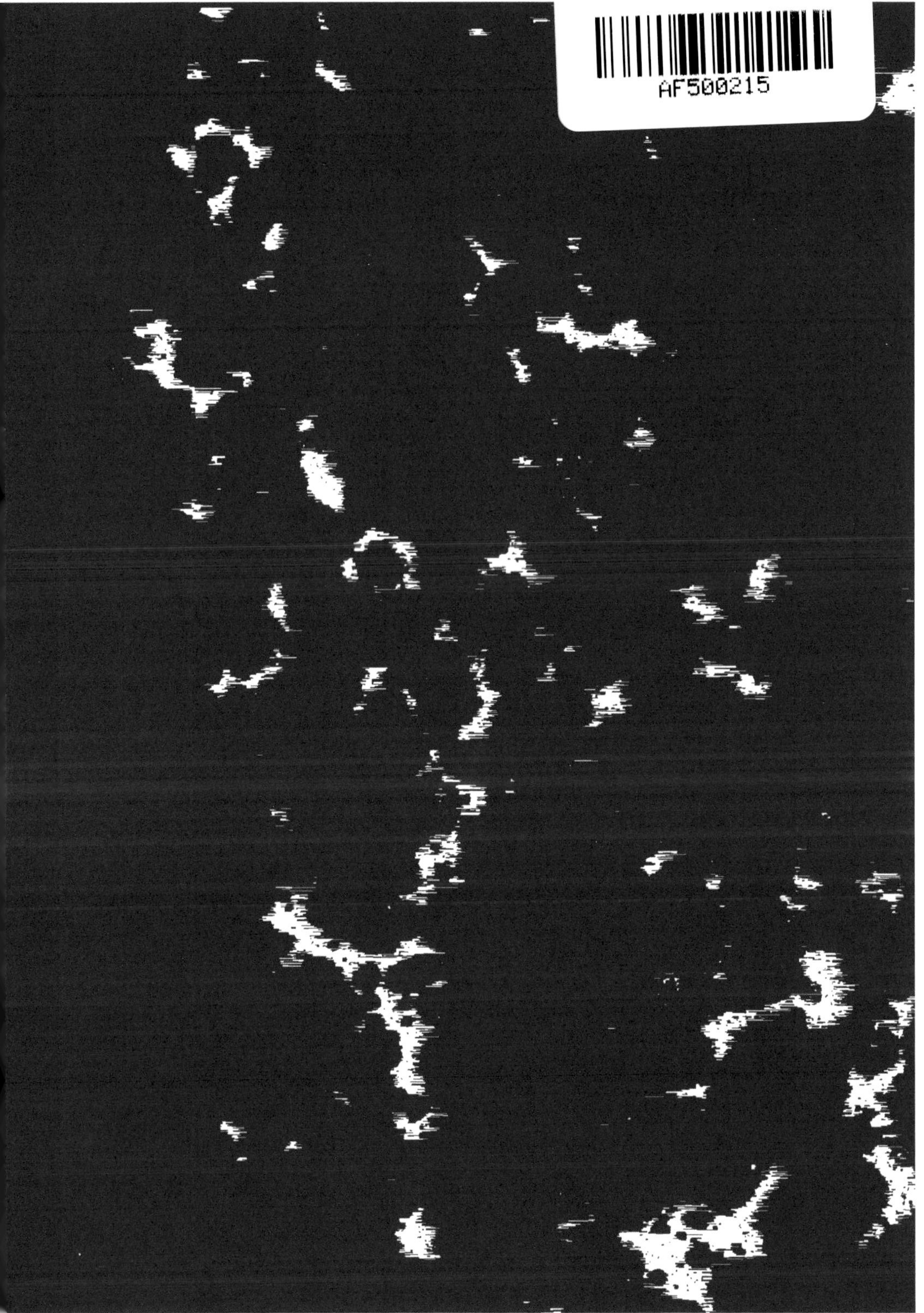

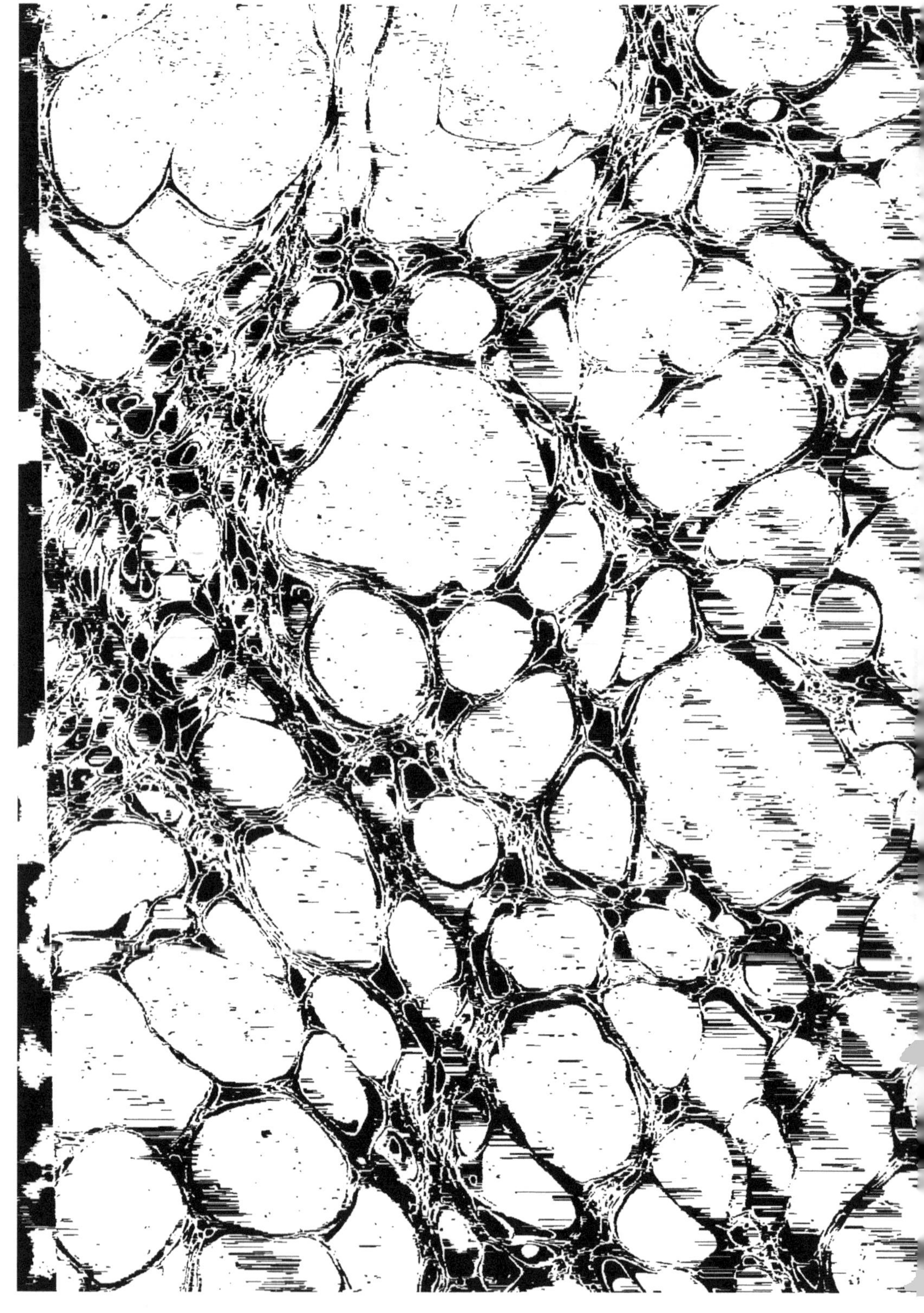

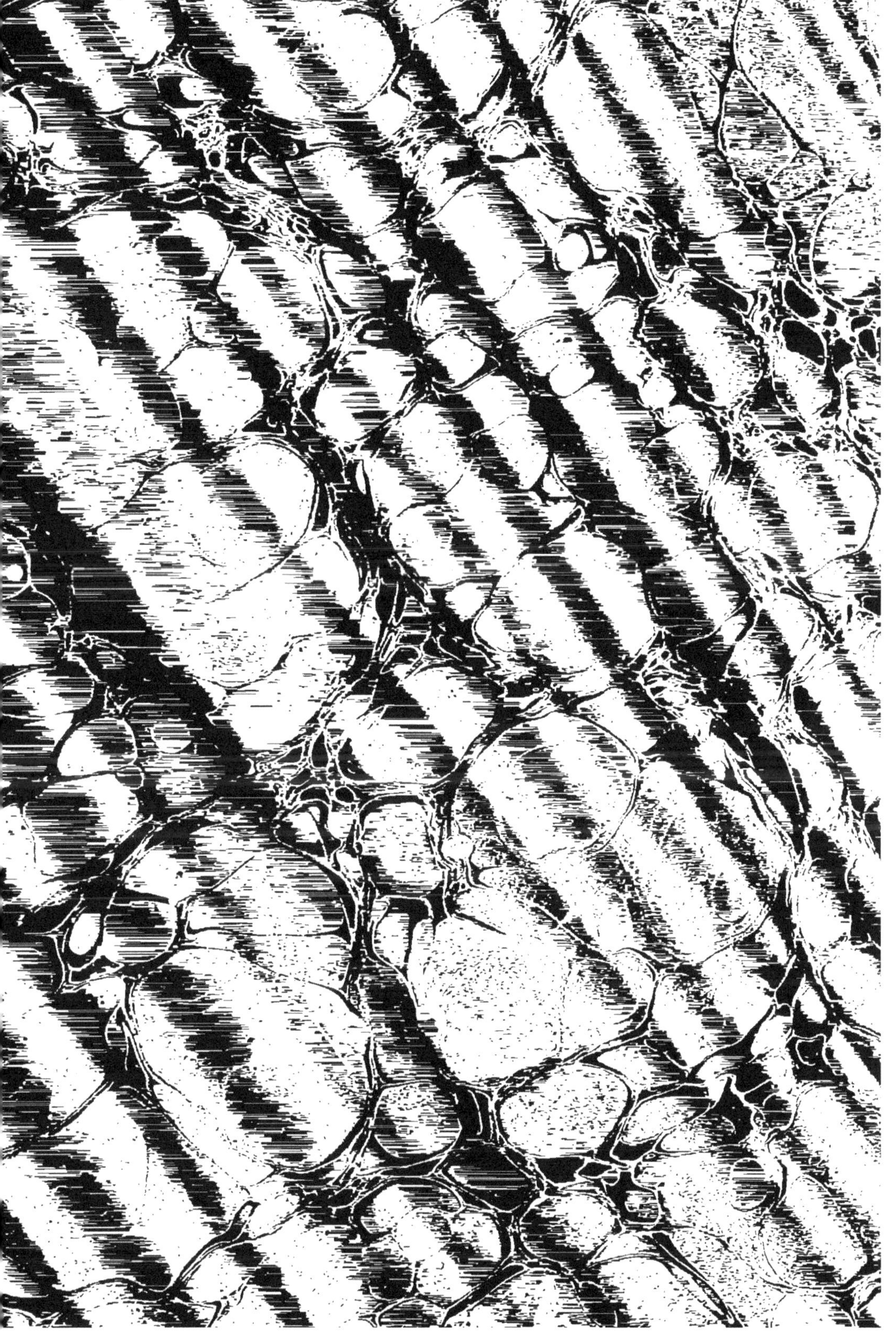

MÉMOIRES

SUR LES GUERRES

ET LES

INTRIGUES D'ITALIE.

MÉMOIRES

D'UN ANCIEN CAPITAINE ITALIEN

SUR LES GUERRES

ET LES INTRIGUES D'ITALIE

DE 1806 A 1821.

Par M. le Comte G. D. F.

Traduit de l'Italien par l'auteur lui-même.

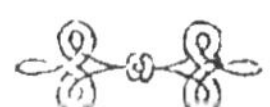

A PARIS. — CHEZ L'AUTEUR.
1845.

PRÉFACE.

Le but de l'auteur, dans cet ouvrage, n'a pas été celui de se croire placé au-dessus des savants de son pays natal. Naples, en tous temps, a été le berceau des lettres, des sciences et des arts. Malheureusement, où la presse n'est pas libre, la vérité reste toujours cachée sous le voile ténébreux du silence. Cela ne tient pas precisément à la forme du gouvernement qui, quoique absolu, a quelque chose de paternel dans son intérieur; mais l'influence étrangère qui est toujours d'accord avec les agents du ministère, pour en imposer aux gouvernants et aux peuples, produit ce malentendu qui fait vivre les hommes dans l'incertitude et le roi sur le qui-vive.

Donner des détails sur l'histoire de son pays est le premier devoir d'un citoyen; c'est pour cela que, sans avoir l'air de vouloir m'élever trop haut, naïvement je raconte ce qui m'est arrivé depuis mon enfance jusqu'en 1821. Le reste de ma vie publique paraîtra plus tard, dans un voyage artistique qui a duré onze ans. Le lecteur apprendra par là que j'ai été toujours présent à moi-même, et que la raison et la philosophie, puissances assez précoces dans mon individu, ont constamment guidé mes pas dans l'épineuse carrière qu'il m'a fallu parcourir. L'ouvrage dont il est question a quelque chose de romantique, et pourtant ce n'est que le recueil des faits par lesquels je suis passé.

Comme soldat, j'ai accompli partout mon devoir, et je crois que celui qui s'en acquitte strictement l'emporte de beaucoup sur ceux qui se présentent à l'ennemi comme des automates. Il est certain que l'intelligence est dans ses rapports avec le courage ce que ne sauraient être la brutalité et l'apathie, qualités essentiellement matérielles, patrimoine des masses non civilisées.

L'esprit de vertige et la révolution ont déjà fait le tour du globe. Eh bien, qu'ont-ils gagné les peuples dans cette grande lutte? rien du tout. Cela n'empêche pas que les honnêtes gens n'aient été le plus souvent confondus pêle-mêle avec les intrigants et les fripons. Heureux celui qui a une plume à faire valoir : cette arme redoutable peut seule le mettre à l'abri de l'orage qui, semblable à la peste du Levant, a moissonné, il y a bien des années, en Italie et ailleurs, un nombre considérable de victimes humaines.

MÉMOIRES

D'UN ANCIEN CAPITAINE ITALIEN

SUR LES GUERRES

ET LES INTRIGUES D'ITALIE

DE 1806 A 1821.

Semée d'embarras et de soucis est la carrière de la vie, surtout pour ces hommes qui, ayant reçu de la nature une âme pensive, éprouvent en la parcourant des peines infinies.

L'auteur naquit de parents distingués et eut plusieurs frères. Son éducation fut sévère, et, dès sa plus tendre enfance, la rigueur de son père lui servait comme d'aiguillon pour acquérir cette indépendance qui, dans l'ordre social, ne s'obtient qu'à un certain âge. Précoce fut donc en lui l'idée de l'émancipation, et peut-être fut-elle la conséquence des punitions nombreuses qu'on lui imposait. L'excessive rigueur dans les parents est réprouvée de Dieu et des hommes. Mais un espagnol ne connaît pas de milieu. Telle fut l'enfance de l'écrivain. Capricieux et doué d'une imagination ardente, il supportait le joug en comptant les heures, les jours et les mois, et attendait avec une anxiété vésuvienne l'époque de sa liberté. La politique qui joue un si grand rôle dans les destinées humaines, sourit inopinément à ses vœux.

L'année 1806, il étudiait les mathématiques, l'histoire et la langue française avec une telle ardeur que son maître disait à sa mère : votre fils, outre l'intelligence, promet d'heureux succès; je ne saurais donc approuver le système adopté par son père relativement à son éducation.

Cette manie si naturelle à la fougue juvénile portait l'auteur à la guerre. L'arrivée des Français à Naples lui offrit l'occasion de réaliser ses désirs. Animé par la présence d'une armée étrangère et par l'ardeur française, il commença à examiner dans quel corps il aurait pu servir. La condition de marin lui parut belle et il la préfera à toutes les autres. Mais sans argent, sans appuis, comment faire pour se présenter aux chefs du collége de la marine? Confier le secret à sa famille c'eût été s'exposer à être garotté et criblé de coups...

Un religieux franciscain, parent de ma mère, fut mon sauveur : le père Barthélemi, frère du comte de Capouano, de Monte-Parchio (royaume de Naples), m'ouvrit ses bras avec une bonté de père. Supérieur du couvent et homme riche qui, par vocation, avait embrassé ce genre de vie, il était humain, bienfaisant et généreux. J'invoquai sa protection et il me répondit : « Votre père n'a jamais voulu m'écouter ; il est immuable dans sa résolution. Eh bien ! ses fils le quitteront sitôt qu'ils pourront le faire, et, ce qui est pis encore, sa rigueur ira croissant de jour en jour; car, détestant les Français, il rencontrera sans cesse de nouveaux désagréments. Présentez-vous aux supérieurs du corps, demandez à concourir, et, une fois admis, venez chez moi, je m'occuperai du reste. » La plume ne peut peindre la joie dont je fus inondé; je parcourais la ville comme un forcené, et mes pensées se reproduisaient si rapides, mes sentiments se succédaient si vifs que le temps me manquait pour respirer. J'abordai le chef militaire de la marine, M. de Lostanges, qui donna ses ordres à l'instant même pour me faire admettre à l'examen. Les membres du jury étaient les amis de mon père : ils crurent faire une chose agréable à ses yeux en facilitant mon admission autant qu'il dépendait d'eux.

Entré dans le corps avec le titre de garde marine volontaire, je reçus l'ordre de m'embarquer incessamment sur une division de chaloupes canonnières qui devait partir pour l'expédition de la Sicile.

A peine me vis-je muni de mon diplôme que je courus au couvent et le présentai, plein d'anxiété, à mon Prométhée qui, profondément ému, ouvrit un coffre-fort et me compta la somme de 200 ducats pour subvenir aux frais du bagage et de l'habillement. Quarante-huit heures après j'endossai mon uniforme au collet et aux parements élégamment brodés. L'énergie de l'âge et l'esprit d'indépendance qui guidaient et précipitaient mes pas, avaient un je ne sais quoi d'inexplicable. Tels de mes amis me regardaient étonnés; moi intrépide, je vaquais avec empressement à mes affaires et songeais à m'embarquer. J'épiai le moment où mon père était sorti de la maison pour embrasser ma mère.

La connaissance de la langue française que j'avais étudiée avec passion et l'effervescence de mon caractère naissant me concilièrent l'estime de mes supérieurs. M. Daure qui, dans la fleur de ses années, avait suivi Napoléon en Egypte en qualité d'ordonnateur en chef de l'armée, et qui était alors ministre de la guerre, à Naples, me manifesta sa satisfaction, m'encouragea, et je conçus les plus hautes espérances. Je m'embarquai sous les ordres du fameux Bausan, colonel de notre marine, qui faisait les fonctions d'amiral. Bausan, dont le nom seul vaut un éloge, avait fait ses études avec Caracciolo à Londres, où tous deux apprirent la marine, et leur génie s'éleva, dans la tactique, à la hauteur des plus fameux amiraux de cette nation dominatrice des mers. Qui ne sait qu'après 1799, le grand Caracciolo fut victime de la jalousie que Nelson fomentait contre lui, et pendu à bord d'un navire? Bausan était donc l'unique espérance qui restait à la marine napolitaine, dont il était généralement aimé; et ceux-là s'estimaient heureux qui pouvaient servir sous ce capitaine expérimenté, philanthrope et courageux. Ayant mis à la voile pour nous rendre au phare de Messine, lieu de notre destination, je fus invité à dîner par ce chef; ce qu'il faisait tous les jours envers ses subordonnés afin de se les rendre familiers et d'examiner leur intelligence et leur valeur. Instructive et pleine d'aménité fut sa conversation, et cet homme singulier m'honora de sa bienveillance : je croyais en rêver dans l'ivresse de ma joie. Le lendemain je reçus l'ordre de m'embarquer sur la division des chaloupes de gros calibre dirigée par le capitaine de frégate M. Bougourd, qui m'accueillit avec bonté, me promit son appui et me confia le commandement de la troisième section de la division qu'il commandait. L'honneur de fonctionner comme officier flatta mon amour-propre; en conséquence je m'efforçais de mettre la plus grande activité dans le service et de prévenir en tout la volonté du commandant.

A notre arrivée au Phare de Messine, fâcheuse fut notre position : Murat avait le titre de grad-amiral de France, mais il connaissait peu la marine, et ses dispositions étaient en raison inverse de nos besoins; accoutumé à foudroyer les ennemis à la tête de sa cavalerie, il croyait que sur mer les vaisseaux devaient obéir à la volonté du général et non pas à l'inconstance des vents et à la violence des courants qui, s'élançant impétueux entre Charibde et Sylla, firent trembler de tout temps les plus habiles pilotes. En effet le roi de Naples avait formé son camp sur une plaine nommée Piale, et de ce lieu qui dominait les bords de la Calabre, où se trouvait mouillée l'armée navale composée de la division du gros calibre et d'une multitude de grandes barques de pêcheurs, converties en chaloupes canonnières, formant plusieurs divisions combattantes; de ce lieu, dis-je, Murat faisait souvent des signaux avec des bannières, afin que ces divisions sortissent et, soutenues par l'artillerie de terre, attaquassent l'ennemi. Un feu continuel partait des batteries des deux bords opposés (la Sicile étant alors défendue par toutes les forces britanniques qui stationnaient sur la Méditerranée); la canonnade commençait à l'aube du jour et ne cessait qu'au crépuscule du soir; la mitraille et les bombes tombaient de chaque côté des deux continents, et des escarmouches s'engageaient de temps à autre entre les chaloupes canonnières ennemies et les nôtres. Cette guerre était sans résultats, car à mesure que le flux et le reflux du courant, appelé *Rema*, montait et descendait, la *rema* entrecoupée par les tourbillons que formait l'impétuosité des courants, forçait les navires à reculer, suivant à droite ou à gauche l'impulsion des eaux, et ni les voiles ni la force redoublée des rames ne pouvaient en arrêter le cours. Très-souvent quelque chaloupe canonnière tombait entre les mains de l'ennemi, emportée irrésistiblement par la violence des eaux, et cependant le guerrier franc et brave, croyait que ces malheureux qui la commandaient l'avaient fait passer à dessein dans les rangs ennemis. Souvent j'ai vu dans le Phare des bâtiments que les tourbillons faisaient pirouetter comme de frêles nacelles et engloutissaient en un clin d'œil.

Le fameux Bausan et les autres officiers supérieurs de la marine parvinrent à faire comprendre au roi, que sur mer les éléments font la loi, et qu'avant d'arborer des signaux il fallait consulter les pilotes expérimentés, puisque les officiers de l'état-major de la marine royale ne dédaignaient pas de demander et de suivre leurs avis. Cette série de considérations fit une certaine impression sur l'esprit de Murat; mais cela n'empêchait pas, quand l'occasion se présentait opportune, de nous signaler l'ordre d'attaquer l'ennemi. De là, l'aurore plus brillante de ma carrière militaire. A dire vrai je me sentais déjà ennuyé de la nullité d'une semblable guerre, qui n'avait d'autre but que d'éloigner des îles Ioniennes les forces britanniques, en les attirant en Sicile.

Les ambulances et les hôpitaux recueillaient tous les jours les blessés, et je songeai que, d'un instant à l'autre, j'allais en augmenter le nombre sans espoir dans retirer aucun avantage. En effet, faible était la compensation que pouvait attendre un soldat blessé dans ces conjonctures.

Cette espèce de *statu quo* me tenait dans une agitation continuelle, et j'allais recherchant en moi-même quelque belle occasion de me distinguer et d'en finir d'un seul coup, puisque cette grêle de projectiles, retentissant au loin comme les éclats du tonnerre, laissaient partout sur leurs traces des victimes humaines.

Le 4 novembre 1811 on célébrait, sur l'autre plage, l'anniversaire du nom de la reine Caroline de Naples. Les bâtiments ancrés le long du Pharc et dans le port de Messine avaient déployé leurs drapeaux et les signaux dont se servent les marins en pareille circonstance. Les forts plantés sur la côte ennemie firent de même, et les oscillations des étendards diversement coloriés brillaient sur cette rive et se confondaient avec les diverses bannières, hérauts silencieux de cette fête.

L'écho arrivait, quoique faible, au rivage opposé. Averti par ce courrier rapide des salves qui, de grand matin, annonçaient aux habitants la fête de la reine, Murat se prit à combiner les moyens de la troubler. Un vent frais agitait les eaux du phare; pourtant il était assez difficile de tenter un coup de main quelconque. Joachim regardait en frémissant cette pompe comme une insulte faite à sa dignité et à son génie militaire. Après son déjeuner, sans égard au contre-temps, il ordonne que trois divisions de chaloupes canonnières, y comprises celles du gros calibre, levassent l'ancre et s'en allassent attaquer l'ennemi : cet ordre étonna les officiers, les pilotes et les chefs d'équipages; ils se regardaient les uns les autres et n'osaient tirer la corde qui tenait les bâtiments amarrés au pieu communément appelé *l'homme mort.*

Alors je sentis renaître en moi l'espérance

de me faire honneur ; j'ordonne au capitaine de lever l'ancre ; il m'expose l'impossibilité de nous en tirer avec avantage. Dans mon impatience je coupe à grands coups de sabre la gumène qui nous retenait vers la plage ; le reste de la *chiurme* (équipage) leva l'ancre et déploya les voiles en méprisant le danger. Mon exemple anima plusieurs autres navires, et, en quelques instants, nous nous trouvâmes à portée de tirer le premier coup de canon sur la frégate anglaise où l'on présumait que s'était embarqué l'amiral. Je fais tout-à-coup virer de bord et lancer, dans la même direction, un second boulet qui alla tomber sur la poupe. Une grêle de mitraille et de balles fut alors dirigée contre notre petit bâtiment, et, dans quelques minutes, nous vîmes notre esquif ruisselant de sang et jonché de blessés et de morts. Cela produisit à bord un tel découragement, qu'on se crut un moment sur le point de tomber prisonniers entre les mains des ennemis ; mais mes exhortations ranimèrent cette poignée de mariniers et de soldats, que le sort avait épargnés : ils reprirent vigoureusement les rames, nous déployâmes notre drapeau et nous regagnâmes le mouillage en dépit de trente chaloupes ennemies qui nous poursuivaient et faisaient fondre sur nous, avec leurs obüses, une grêle de balles et de mitraille. Plusieurs bâtiments, détournés par la violence des courants, avaient pris d'autres directions et manquèrent ainsi, malgré eux, le but que S. M. s'était proposé, en ordonnant qu'on fît voile. La petite flotte en souffrit beaucoup; et si des chaloupes ne prirent pas une part active au combat, cela n'empêcha pas que l'on ne ramenât au port un grand nombre de blessés. Murat avait examiné attentivement avec sa longue-vue ce qui s'était passé au sein de la mêlée : voilà pourquoi, dans son impétuosité française, il envoya à la marine le lieutenant-général Aimain et le prince de Cariati, son aide de camp, pour s'assurer quel était le commandant de cette section qui, seule, avait bravé tant de dangers, ou plutôt le numéro de la chaloupe qui, s'écartant des autres, était allée droit au but. Dans leur enthousiasme militaire les deux officiers généraux montent à bord d'un bateau et, ramant de leurs propres mains, ils nous abordent au moment où nous lavions le pont du navire tout couvert de sang. Les cris des blessés m'avaient profondément ému; je me sentais accablé sous le poids de ma douleur. Le chef de l'état-major et le colonel Cariati s'approchèrent de moi, et le premier me parla ainsi : « Le roi est content de vous; il veut vous voir.... Il faut vous habiller et nous suivre.... Voilà des chevaux qui nous attendent sur la plage.... » M. Bougourd vint à bord, et commença à haranguer en ma faveur, faisant observer au général les titres que j'avais à une récompense, d'abord pour avoir toujours fait mon devoir, en second lieu pour avoir renoncé à toutes les commodités du toit paternel, afin de voler, de mon plein gré, au champ de bataille. Il est vrai qu'à cet âge mon fanatisme était celui de la guerre; mais que je me suis repenti plus tard d'avoir entrepris un métier qui, en temps de paix, est si peu estimé, surtout dans les petits états où le caprice et le pouvoir de certains chefs va dépréciant et avilissant les officiers de mérite. Triste condition des rois et des représentants d'un état! Les princes, quelque prévoyants qu'ils soient, se trouvent dans l'impossibilité de tout connaître par eux-mêmes : c'est pour cette raison que le plus souvent les amis de la vérité, de l'ordre et du souverain sont rélégués loin de lui! Nous montâmes donc à cheval avec le brave et bon Bougourd, et nous nous dirigeâmes vers le camp de Piale où le roi était au bivouac. Inexprimable fut alors ma joie : à chaque pas les Français se groupait autour de moi pour me féliciter. Quand un jeune soldat voit la fortune sourire à ses premiers faits d'armes, mémorable en est le souvenir, tant à cause de la violence qu'on doit se faire pour s'accoutumer au feu des bataillons, que par les résultats de ce premier élan. Nous arrivâmes enfin sur l'esplanade où le roi nous attendait à la tête de son état-major et de ses ministres. Mon cœur palpite encore au souvenir des compliments flatteurs que m'adressa ce prince infortuné. « J'ai fait mon devoir, répondis-je, mais je dois recommander à la bienveillance souveraine M. de Nunzio qui, bravant la mitraille et les bombes ennemies au fort du combat, volait de toutes parts prodiguant ses soins aux blessés avec un zèle de feu et une humanité indicible. » Le héros français prend alors la croix des deux Siciles, l'attache de ses mains à ma boutonnière et me nomme enseigne de vaisseau. Le chirurgien de Nunzio ainsi que le pilote reçurent la même décoration ; les sous-officiers et soldats eurent aussi leur gratification. Mais il n'est point de rose sans épines : aussi un sentiment bien pénible vint-il troubler la joie de ce beau jour; c'est le spectacle du mécontentement que produisit sur une partie des officiers de la marine cette générosité de Murat à notre égard. Défié en duel, je dus me mesurer avec un commissaire de marine; ainsi j'appris à ces malveillants que, malgré la fraîcheur de mon âge, je pouvais soutenir une attaque personnelle. Le roi le sut et les hommes d'honneur en furent indignés. Aussi en dédommagement fus-je invité parfois à la table des généraux français Dery et Lavoguyon, et presque tous les jours à celle des officiers de cette formidable armée commandée par le comte de Grenier. Ces circonstances m'apprirent à connaître le caractère d'une partie des militaires à Naples, et la suite n'a que trop justifié mon premier jugement. Un pareil événement me révéla la connaissance de la perfidie humaine; je résolus en conséquence de m'isoler, de me tenir toujours sur mes gardes et telle fut dès-lors la règle de ma conduite.

La campagne étant terminée, au bout de

six mois, nous rentrâmes à Naples. Les chefs du corps royal de marine n'avaient pas encore saisi l'occasion de m'envoyer les lettres-patentes du grade qui m'avait été conféré dans l'ordre du jour de l'armée: ordre qui exposait brièvement ma conduite militaire dans cette première occasion. Je résolus de me taire, en confiant au temps le soin de me rendre justice. En effet, allant un jour en promenade du côté de la banlieue de *S. Maria degli angioli*, je rencontrai Murat en calèche, qui s'en allait visiter les baraques qu'on avait construites pour l'instruction de l'armée, accompagné de ce même général qui s'était présenté à mon bord après le combat dont j'ai parlé. Grand fut leur étonnement quand ils me virent habillé en bourgeois. Je m'arrêtai à dessein comme pour leur présenter mes respects, et je sentis renaître en moi l'espoir que nourrissait ma conscience et mon amour-propre.

Deux jours après, un huissier du ministère de la guerre me présenta une dépêche dont voici la teneur :

« Le ministre de la guerre et de la marine invite M. le lieutenant D. F. à se rendre auprès de lui au plus tôt possible.

Signé : DAURE. »

Comment faire? Je n'avais d'autre uniforme que celui de garde-marine. Je m'habille de mon mieux; je cache sous une redingotte le *déficit* de mon costume; je monte en voiture et vais me présenter au au cabinet de S. E.

« Eh bien, Monsieur, me dit-il, le roi m'a chargé de vous prévenir qu'il vous a nommé lieutenant dans le premier régiment d'artillerie marine... J'ai donné mes ordres au colonel de ce corps royal... Ayez soin de vous distinguer toujours... Le roi s'intéresse beaucoup à votre sort. »

Comblé de joie, je remerciai le ministre et l'assurai que j'aurais fait, de mon côté, tous mes efforts pour correspondre aux généreuses intentions de S. M., par ma persévérance dans l'accomplissement de mes devoirs. Je rentrai précipitamment chez moi et je fis part à ma mère de l'heureuse nouvelle. Le bruit s'en répandit dans la ville; les uns voyaient avec plaisir ce présage d'une brillante carrière; d'autres, jaloux de mon sort, cherchaient à me déprécier, attribuant cette circonstance à la fortune et non à la valeur : et telle était la pensée du plus grand nombre. Je connaissais déjà la trempe de mes détracteurs; ainsi j'affectais de les mépriser, et je prenais des allures stoïques contraires à mon âge et à mon caractère. Je me présentai au colonel : il parut mécontent que, sans avoir été proposé par lui-même, je me fusse permis, en vertu d'une ordonnance souveraine, de me mettre à la tête de tous les lieutenants du régiment qu'il organisait. Il me dit avec un sang-froid affecté : « Le roi pouvait bien vous faire encore général. » Je répondis que ces grades étaient réservés aux colonels et non aux gardes-marines. Il est à remarquer que le colonel P... sauta des grades les plus modestes à celui de lieutenant-général, et même d'inspecteur-général de ce corps facultatif, sans avoir jamais senti l'odeur de la poudre. Il était du nombre de ces êtres aventureux qui, à cette époque surtout, s'élevèrent tout à coup du *minimum* au *maximum* des grades en milice, et qui se signalèrent, dans les dernières campagnes, comme traitres au roi et à la nation. C'est à ces hommes que sont dus tous les malheurs qui planèrent, en 1814 et 1815, sur l'armée de Naples. Murat croyait se faire des amis et enfanter des héros à la patrie en prodiguant les grades et les honneurs à des hommes qu'il croyait les plus influents et les plus capables de réussir; mais il manquait de tact et de discernement. Triste sort! l'Achille de l'armée française paya bien cher sa bonne foi et sa magnanimité. Le colonel de mon régiment se vit réduit à faire bonne mine en mauvais jeu, et je m'occupai du service tout en résistant à son despotisme. Le roi et l'armée entière me connaissaient; ainsi je n'avais pas lieu de m'en inquiéter. Mes collègues cherchèrent à tirer parti de la jalousie de certains chefs contre moi; de là des chicanes et de nouveaux duels presque indispensables en pareil cas.

Dans ma seconde campagne je pris le commandement de l'artillerie d'une division qui devait rester en croisière sur les côtes de la Calabre, afin de protéger le transport des bois de construction qu'on préparait pour le service de la marine royale. Difficile et scabreuse était cette mission; car tous les jours, quand le vent était frais, nous devions placer la poupe sur le sable, et, à l'aide des batteries de terre, attaquer les marins anglais qui brûlaient et pillaient tout ce qu'ils rencontraient sur leur passage. Une agitation continuelle et les tristes effets de la mitraille ennemie décourageaient les équipages, et ce n'était qu'avec de grands efforts qu'on parvenait à leur faire recommencer le combat : mais cela ne nous empêchait pas de protéger, tant que possible, le commerce intérieur du royaume. Telle fut la première vengeance du colonel : il pensa se défaire ainsi de mon importune présence ; mais l'innocence était mon égide, et après avoir bravé mille dangers je revins sain et sauf de cette croisière. Le commandant de la division était le capitaine de frégate Barbara, maltais, dont les fastes ne sont que trop connus à cause de sa rudesse et de sa trahison contre Murat *au Pizzo*, lorsque, oubliant les immenses bienfaits dont l'avait comblé le roi, il le mena, sous de faux prétextes, à la fusillade. Ce monstre eut avec moi bien des débats ; car il ne voulait reconnaître ni ordre ni discipline, et il serait mort de mes mains si la médiation du général Fressinet, qui commandait les troupes dans la province de Tropea en Calabre, et un reste de respect pour un indigne pirate qui jouait le rôle de commandant, n'avaient retenu mon bras. Mais tel était le destin de l'infortuné Murat, et son Judas devait mourir comme il avait vécu; car, ne trouvant plus aucun asile après la terrible chute du roi, il fut poignardé en Corse, où ses assassins entrèrent par une croisée de son appartement afin de ne pas laisser échapper leur victime.

Revenu de ma campagne à Naples, j'avais force ducats à mon service, et je ne sus pas modérer ces courses juvéniles qui énervent le corps et laissent de cruels repentirs dans un âge plus avancé.

La garnison n'était pas un beau champ pour moi. Il suffisait de manquer cinq minutes à l'appel pour me voir honoré d'un ordre d'arrêts pendant 24 ou 48 heures, selon qu'il plaisait aux fidèles interprètes de M. le colonel.

Je fis ma troisième campagne sur le vaisseau *Capri*, où j'eus à lutter contre un capitaine ivrogne et stupide : il avait servi dans le royaume d'Italie, et l'on ne pouvait lui refuser le mérite d'avoir fait partie de cette honorable armée, sans talent : brillante prérogative !

Ce service commença à me fatiguer, parce que notre marine était passive, et dans l'état-major prévalait plutôt l'intrigue que la bonne conduite ; bien plus, le mérite servait d'aiguillon à la cabale et à la malveillance. La bizarrerie de Murat, le luxe de l'armée napolitaine, la licence dans la discipline et le manque d'union entre les officiers produisaient dans mon esprit des tiraillements dont je ne pouvais me rendre compte. Les sociétés secrètes progressaient, surtout parmi les militaires : j'ignorais cela ; mais, dans la suite, j'en fus victime sans le savoir. Cependant la marche qu'avaient prise les affaires accélérait la chute de Napoléon. Le cri de guerre retentissait de toutes parts. L'armée napolitaine partit pour la frontière, et l'on établit un quartier-général à Ancône. Dans le régiment où je servais, les élèves du collége militaire furent incorporés au bataillon de guerre, et moi, qui étais le seul décoré parmi les lieutenants, on me laissa au dépôt : j'étais déjà le plus ancien de la classe. Ne pouvant supporter cet affront, je résolus de suivre le bataillon de guerre ou de demander à sortir du corps. Le lieutenant-colonel qui m'aimait beaucoup ne voulait pas me perdre ; mais le chef de bataillon l'engagea à envoyer ma demande au ministre. « En effet, disait le bon Cardosa, aujourd'hui colonel commandant le parc d'artillerie de marine, comment voulez-vous qu'un jeune homme ardent, au commencemont de sa carrière, reste parmi les tortues d'un dépôt, parce que cela plaît au colonel? Voilà le cas de changer de maître. »

Je me présentai à Magdonald qui revenait de la campagne de Russie avec le grade de maréchal de camp, et fut élu immédiatement ministre de la guerre; il me connaissait, et se prit à sourire en apprenant les indignes traitements dont j'avais été victime de la part de l'excellent colonel P... « Vous êtes un ancien lieutenant, me dit-il, et le grade de capitaine vous est dû; mais je ne puis donner cet exemple; car alors tous les officiers des corps facultatifs, pour devenir capitaines, passeraient à la ligne, et les corps d'artillerie et du génie resteraient ainsi dépourvus.... Il faut trop de choses pour former un officier de ces corps. »

Magdonald était chef de bataillon du génie, et il partit pour la campagne de Russie avec le grade de colonel du 7me régiment de ligne, autrement appelé le *Royal Africain;* car il était composé en grande partie de Maures. A la tête des bataillons choisis de l'armée, il se couvrit de gloire dans cette expédition : c'est pourquoi il fut élevé si rapidement. Je lui citai son propre exemple pour l'engager à réaliser mes désirs.

Il me dit enfin : « Je vous destinerai pour le moment au 5me régiment de ligne, qui se trouve à Ancône; partez et l'on vous expédiera, par la poste courante, le brévet de capitaine. »

Je dirige sans délai mes pas vers Rome, accompagné du commandant O... du même corps, homme d'une très-haute taille et déjà âgé; il était le plus ancien du régiment, et c'était là son seul mérite. Par la conversation que je liai avec lui, je commençai à m'apercevoir que, si tous les officiers de l'infanterie lui ressemblaient, ils en savaient bien peu, et l'on devait peu attendre d'eux; cette pensée me préoccupait, et il me semblait qu'une voix intérieure me reprochait le tort que j'avais eu de changer de corps; mais à cet âge on méprise tout. Nous continuâmes notre voyage, et nous passâmes par Foligno pour nous rendre à Ancône.

Indicible fut notre surprise en traversant cet état : toutes les grandes routes, outre qu'elles étaient unies et soignées, offraient aux regards un riant contraste d'espaliers de myrte assez bien arrangés. A de petites distances on rencontrait des temples artificiels et des arcs de triomphe parfaitement exécutés. Ce spectacle m'inspirait des idées romantiques : j'étais trop jeune alors pour comprendre que ces ornements étaient l'expression unanime du vœu d'une population qui, durant tant d'années, avait gémi sous le poids des armes étrangères, et qui fêtait le retour du chef de l'église, du souverain de Rome. Et cependant après tant de leçons que nous, italiens, avons reçues, nous ne savons ni renoncer à la mode de vouloir nous gouverner par des lois étrangères, ni cesser d'attendre et d'espérer la liberté de l'influence des autres peuples. Grâces à Dieu! l'humanité est trop avancée dans le développement social pour ne pas reconnaître, que mieux vaut pour nous conserver cette forme de gouvernement qu'appellent tyrannique les hommes qui, jaloux de notre bien-être et de l'abondance au sein de laquelle nous vivons, voudraient nous faire prêter l'oreille à ces principes subversifs qui ne tendent qu'à nous faire changer de maîtres. Ce conflit d'événements qui, depuis tant d'années, agitent l'Europe, devrait bien faire comprendre aux gens que les moyens réels d'existence que nous offre notre commune mère, sont préférables à de vaines théories et aux protections que promet l'avidité étrangère pour s'emparer de l'Italie, de cette terre qui, de tout temps, fut l'objet des visées des peuples d'outre-mont.

Revenons à mon voyage : en arrivant à Foligno, nous rencontrâmes le Pape qui retournait de sa prison; immense était la multitude qui se pressait sur les pas du pontife, et nous dûmes attendre deux heures avant que le cortége qui paraissait s'avancer par une force magique, eût débarrassé le passage. Je m'amusais à examiner attentivement la variété des objets et des costumes des deux sexes, jusqu'à ce qu'enfin nous réussîmes peu à peu à nous ouvrir un chemin à travers les bénédictions que le saint Père prodiguait, à chaque pas, à cette nombreuse population. Nous arrivâmes à Ancône : il y avait grand mouvement sur cette place; les trains d'artillerie parcouraient les rues, et les soldats des divers corps se confondaient avec les caissons et les pièces de canon, formant un contraste imposant. Tout cela égayait ce séjour et cachait sous des dehors enchanteurs l'ignominie réservée à cette armée malheureuse!

A peine eûmes-nous mis pied à terre que mon compagnon de voyage disparut; je pris mon logement et me présentai ensuite au colonel du régiment; c'était un déserteur de l'armée de Sicile que Murat avait accueilli en lui donnant ce commandement. Que de contradiction! Je ne sais comment un prince peut se faire illusion jusqu'à attendre des services d'un traître. Et cependant toutes ces erreurs, en accélérant la chute de Murat, entraînèrent avec elles les causes de divisions et de honte qui ont flétri les armées napolitaines. Il est à remarquer qu'en pareilles rencontres on a toujours pris la partie pour le tout. Quelle était la faute des soldats et des braves officiers, si les chefs ne s'entendaient pas entre eux, à cause de la jalousie qui les animait les uns contre les autres, tandis qu'ils étaient tous d'accord pour ne pas se battre? Qu'on examine donc impartialement la chose, et l'on verra que Murat fut imprudent et non de bonne foi envers ses peuples, puisqu'après avoir manqué à l'auteur de son élévation, à ce Napoléon qui le tira du néant, pour le faire asseoir sur le trône de Naples, à l'exemple de Bernadotte, il voulut, à force d'intrigues, rester souverain des deux Siciles, et à quel titre! sans offrir au peuple aucune amélioration. Ne devait-il pas proclamer la constitution, et peut-être alors tous ceux qui projetaient la réforme, et qui sortirent en campagne pour le trahir, gagnés par les avantages que peut offrir un nouveau système administratif, se seraient battus en braves pour la cause de leur souverain. Ceux-ci néanmoins ne sont point excusables aux yeux de la postérité; car ne devaient-ils pas protester et forcer le prince étranger à fixer les bases de son gouvernement, plutôt que de le suivre comme traîtres et fouler aux pieds l'honneur de la nation? Cette conduite criait vengeance, et la postérité les jugera comme indignes de pardon. Ce ne fut pas certes par attachement aux anciens rois de Naples que l'armée se débanda en 1815.

Le colonel du 5e régiment qui contenait les mécontents, afin de faire valoir ce mérite à temps opportun, me reçut d'une manière un peu louche et me fit un crime d'avoir quitté la marine; « car, me dit-il, en vous plaçant par l'ancienneté du grade au-dessus de tous les lieutenants du régiment, vous allez vous faire des ennemis. » L'ancienne amitié qui liait cet amphibie à mon père, fidèle ami des Bourbons, ne suffit pas pour me procurer auprès de lui un accueil favorable. Dans cette division un rien enfantait des cartels : c'est ainsi qu'une dispute me lança sur le terrain avec le plus ancien lieutenant, et si je blessai mon adversaire, il sut de son côté prendre sa revanche. Je relatai le fait à mon père afin qu'il en informât le ministre de la guerre, le prévenant que je ne voulais pas rester dans un corps où j'avais été si maltraité; que j'avais l'espoir de guérir ma blessure en attendant de Naples un ordre qui me permit d'y rentrer. Le chirurgien-major du régiment me traita avec la plus grande exactitude; cependant, après avoir été alité durant trente-cinq jours, je fus encore réduit à recourir aux béquilles pour me promener. Quelle fut la conduite du colonel et des officiers pendant mon infimité? C'est ce que je dois couvrir sous le voile du silence; car les adversités d'un individu ne doivent jamais servir d'élément à la honte de quelques membres d'une nation. Le docteur me délivra le certificat de convalescence pour me rendre à Naples, afin d'y faire usage des bains chauds, qu'il jugea nécessaires pour fortifier ma jambe. Je demandai et j'obtins, non sans peine, ma feuille de route pour

Ischia : le colonel dut céder à la circonstance. On sut que le ministre m'aimait et que mon père exerçait une grande influence.

Je partis d'Ancône avec un négociant, propriétaire de la voiture : ainsi, il nous fut facile, en relayant à chaque poste, de parcourir les Abruzzes et de nous rendre à Naples, quoiqu'à travers des routes impraticables et souvent interrompues ; mais le carrosse était léger et les chevaux assez bons. A Naples je m'arrêté chez ma sœur, la baronne de Scotti, afin d'éviter la rencontre de mon père, qui m'aimait à la vérité, mais son formulaire immuable était de me blâmer ; car il voyait de mauvais œil le gouvernement, et peut-être y découvrait-il la ruine future de ses enfants dans le cas d'un changement de régime : il n'avait que trop raison. Le lendemain il parut chez sa fille et me dit : « Pourquoi ne pas venir à la maison?... Craignais-tu peut-être que je ne blamasse ta sortie de la marine?... Je ne l'ai jamais approuvée ; mais un soldat d'honneur ne doit pas supporter la honte de languir au dépôt, et je suis charmé que tu aies prouvé au colonel P..., sous ses propres yeux, que Murat n'a pas décoré un lâche sur le champ de bataille. » Ce fut la première fois que mes larmes se mêlèrent aux siennes; il m'embrassa et me dit : « Je t'attends; ta mère n'a pas eu de repos, et Dieu sait quelles furent ses angoisses depuis ton départ pour le quartier-général. » Je courus avec lui vers ma mère, et, après avoir satisfait à ma tendresse filiale, je songeai à me présenter au ministère. J'avais jeté mes béquilles; mais je boitais encore un peu : ainsi je remplaçai ce meuble de sinistre augure par la gravité d'un bâton de chanoine.

Après ces préparatifs je monte en voiture et vais me présenter à S. E. Je le trouvai au fond d'une salle, conversant avec quelques officiers supérieurs; il m'aperçoit, quitte les autres, vient à ma rencontre en me tendant la main et me dit : « Vous boitez? » Je ne répondis rien à sa demande et lui présentai le certificat du chirurgien. Il le lut et ajouta : « Allez à Ischia, et, afin que vous retiriez votre solde, j'ordonnerai au colonel du 9me de ligne de vous mettre provisoirement en subsistance dans le régiment à ses ordres. Le dépôt se trouve à Procida; aussitôt que vous serez guéri, le trajet vous en sera facile. En attendant on vous expédiera votre brevet de capitaine que vous auriez déjà reçu, si S. M. n'avait suspendu toute espèce de promotion, jusqu'à ce qu'on remette en activité de service les officiers revenus des prisons d'Angleterre. Avant de partir, présentez-vous au colonel Rodriguez, chef du personnel, à qui j'ai déjà parlé de vous. » Sans ajouter une syllabe je passai à l'instant même chez M. le colonel Rodriguez qui me dit : « Votre fermeté et le courage que vous avez déployé dans une circonstance si périlleuse vous ont concilié l'estime des braves officiers de l'armée... Dans un mois au plus tard, vous recevrez le diplôme de capitaine ; votre père vous en donnera le premier avis; car nous sommes amis et nous nous voyons souvent. » Ce triomphe atterra l'engeance des réformateurs qui, avec l'activité de sa correspondance, lançait ses perfides décrets pour me ravir la paix dans quelque corps que je me présentasse. Je rentrai en famille et ne songeai plus qu'à partir pour Ischia ; car la saison était alors plus que propice. Je dépose mes équipages militaires, et, en pourpoint de laine, chapeau rond et escarpins à la petit maître, oubliant mes vicissitudes passées, je dispose tout pour me rendre dans cette île si fertile et si riante qui forme une partie de la frontière du côté de la mer, dans le golfe de Naples. En été elle est très-fréquentée par les étrangers qui s'y réunissent de toutes parts, et les baigneurs, outre l'avantage d'y améliorer leur santé, goûtent, à Casamicciola, les plaisirs d'une intéressante conversation au sein d'une brillante société. En arrivant sur ces bords enchantés j'y trouvai une foule de roussins d'Arcadie élégamment caparaçonnés, qui attendaient les voyageurs avec leurs piétons respectifs. Je charge sur l'un mon bagage, je monte sur l'autre et me dirige vers Casamicciola, pays peu éloigné de l'établissement des eaux, local commode et magnifique, fondé par le plus grand roi bourbon dont Naples puisse se vanter, Charles III, qui voyait tout et pensait à tout pour le bonheur de son peuple. Parmi les innombrables monuments qui immortalisent sa mémoire, il n'oublia pas les infirmes qui se transportaient dans cette île. Il serait trop long d'énumérer tous les titres de ce prince à la reconnaissance de la patrie. Le général Colletta et beaucoup d'autres auteurs ses devanciers, ont rendu justice à sa magnanimité, à son génie, à son humanité. Je louai une maisonnette peu distante de l'établissement; car le local était encombré d'infirmes chroniques, et je répugnais à me confondre, dans la fleur de mes années, avec ces tristes victimes d'une putréfaction qui leur fait purger dans cette vie des désordres qui leur seront peut-être escomptés dans l'autre.

Je comptais alors à peine dix-neuf ans, et, quoique j'eusse grandi dans le malheur, l'âge dominait mon esprit : c'est pourquoi je fuyais les incommodités auxquelles la vieillesse est sujette, quoique j'eusse apprécié toujours les conseils de l'expérience acquise par les années.

Il est merveilleux le spectacle des sources de ces eaux qui sortent bouillantes, par divers canaux, du sein de la montagne, et destinées à de nombreuses guérisons. Chaque robinet a sa cathégorie; ainsi les malades apprennent la manière de s'en servir, et le concours du médecin devient presque inutile. Je fis usage, pendant quelques jours, des bains dits de santé et je bus de l'eau destinée à cet effet. On me prescrivit les douches chaudes, et j'observai avec étonnement que cette eau merveilleuse a la puissance de ronger les excroissances d'une blessure et d'en élaguer toute la substance charnue, de l'applanir, de la renforcer, en sorte que la partie affectée ne s'en ressent presque plus. Chaque matin j'allais subir l'épreuve des douches sans négliger de boire de temps en temps les eaux minérales purgatives; ainsi, dans trente-cinq jours d'une cure assidue, j'atteignis le but proposé.

On allait passer la veillée tantôt chez un riche propriétaire de Foggia, royaume de Naples, tantôt chez M. Gnecco, riche banquier, où l'on jouait alternativement le *pharaon* et un autre jeu italien appelé le *zeichinetto* qui, à mon avis, est le plus violent de tous les jeux de hasard, et j'avoue que je reçus bien des leçons dans la réunion des riches désœuvrés que je fréquentais. C'était pour moi un noviciat; il fallait donc que je passasse par la filière.

Ma cure finie, je dus aller me ranger sous les nouvelles bannières dans l'île de Procida, où stationnait le bataillon du dépôt commandé par le fils d'un cafetier devenu lieutenant-colonel, et aujourd'hui général, non point par sa valeur ni par son génie, mais par un effet des caprices de la fortune. En 99 il s'était voilé sous le manteau du libéralisme; ainsi, au lieu d'être égorgé, comme tant d'hommes de mérite le furent dans cette malheureuse circonstance, il eut le bonheur de se soustraire à ce tribunal terrible, dont les arrêts sanguinaires anéantirent, en peu de jours, le produit de cinq siècles!!! Voyez Vincent Cuoco, dans son *Essai historique*, imprimé à Milan, sur la révolution napolitaine de 99.

Cette tête éventée, privée d'un œil, fut donc mon nouveau supérieur : en le voyant je fus comme déconcerté; je soupçonnai quelque mésaventure et je pris le parti de la circonspection. Destiné au commandement de la première compagnie, j'entrai en fonctions, en même temps se présenta devant moi, équipé en sous-lieutenant, un sergent de l'artillerie de marine que, dans un conseil de guerre, j'avais condamné, conjointement à mes collègues, à dix ans de travaux forcés, pour avoir fait partie d'une bande qui enfonçait les portes et volait. Cette rencontre m'étonna et me parut être d'un sinistre présage. Je dissimulai autant que possible et lui dis : J'espère que votre conduite actuelle ne démentira point l'honneur que le gouvernement vous a décerné : quant à moi, vous pouvez me considérer comme votre frère et votre ami. Quoique je lui eusse doré la pillule, le misérable ne put la digérer et souffrait impatiemment ma présence. Il ourdit contre moi une trame insidieuse, et le succès couronna ses nobles efforts. Devenu l'époux d'une jeune et belle Procidaine, le sous-lieutenant m'en parut insolent et plus fier. Ces Procidaines tirent leur origine d'une ancienne colonie grecque (elles en ont toujours le costume) et sont renommées par leur beauté. Les Anglais, au temps de la guerre de dix ans, dépeuplèrent l'île emmenant avec eux tout ce que l'île possédait de plus brillant dans le beau sexe. Celle dont je viens de parler était la sultane du régiment et la favorite du lieutenant-colonel. Je ne tardai pas à le savoir. Son mari, qui me comblait de politesses apparentes, me logea au château où se trouvait la caserne et non loin de son domicile. Cependant je faisais mon service et il dressait contre moi ses batteries. J'avais changé de logement afin d'éviter toute sorte de contact; mais cela ne suffisait pas; il résolut de me perdre et attendit l'arrivée du lieutenant-général inspecteur, afin de frapper d'une manière plus éclatante. Le lieutenant-colonel fut pris dans les filets et complice de la plus noire calomnie; il accueillit une réclamation du sous-lieutenant qui disait, que dès le premier instant de mon entrée dans le corps, je l'avais persécuté parce qu'il s'était opposé à mon prétendu projet de séduire sa femme. Je lui répondis de mon mieux, et, sans écouter ma justification, on m'imposa les arrêts de rigueur. Je remis mon épée à un adjudant-major qui avait dirigé l'intrigue, et je me rendis chez moi. On commença la revue, et le sous-lieutenant prit, à ma place, le commandement de la compagnie. Les jours s'écoulaient, et pour moi tout était tristesse et silence. Ne sachant pas à quoi m'en tenir, j'eus l'idée de rechercher ce qu'on disait et j'appris que le général avait décrété mes arrêts pour deux mois dans la forteresse d'Ischia. J'écrivis à mon père : point de réponse. Je regardais par la croisée, et la fortune voulut que je découvrisse, parmi tant d'autres, un français inspecteur aux revues : je l'appelle et descends aussitôt dans la rue ; je le tire dans la cour et je l'informe de la trahison dont j'étais victime. « Il est vrai, me dit-il, que le général a ordonné deux mois d'arrêts forcés ; il ne vous connait pas, et ces messieurs vous ont dépeint à ses yeux sous des couleurs défavorables ; il ne faut donc pas vous formaliser de sa rigueur ; mon avis est que vous lui écriviez incontinent pour lui demander une audience; je suis persuadé qu'il vous l'accordera ; car le général Amato est la la bonté même. » Ma plume me sauva, et alors je commençai à connaître la puissance qu'elle exerce sur l'esprit des grands qui aiment à rendre justice à chacun. L'aide-de-camp vint chez moi et me dit : « S. E. vous entendra ce soir.... J'ai donné mes ordres afin qu'on vous rende votre épée. J'abordai le général que je trouvai entouré des officiers de l'état-major, parmi lesquels se rencontraient le lieutenant-colonel et le chef de bataillon du 9e de ligne. M'étant fait annoncer, je filai tout droit et je fus introduit dans le cabinet de l'inspecteur. Ma harangue fut si vive et si impétueuse qu'elle épuisa mes forces déjà affaiblies, et ce ne fut qu'avec peine que je parvins à la terminer. S. E. s'en aperçut, m'ordonna de m'asseoir, et je conclus ainsi : « V. E. se rend à Naples; le ministre de la guerre pourra vous relater quelques antécédents que, ni le temps, ni le lieu ne me permettent d'exposer ici. » Après m'avoir écouté attentivement, le brave Amato me dit : « C'est bien... l'on vous rendra justice ; rentrez chez vous ? » J'appris que dans deux jours il partait pour le continent. Rien ne me fut communiqué ; je continuai mes arrêts ; ce qui nourrissait mon espérance, c'était qu'on m'avait laissé mon épée. Mais quand je sus que l'inspecteur avait quitté l'île, tout mon espoir s'évanouit comme un songe et j'attendais d'un instant à l'autre l'ordre de passer dans la forteresse. Délaissé, accablé sous le poids de ma douleur, les heures étaient pour moi des années, les nuits une éternité d'angoisses et de tourments. Deux jours s'étant ainsi écoulés, j'entends de grand matin frapper à ma porte et j'aperçois un marinier qui me remet une lettre en me disant : « Votre père m'envoie à cet effet ; je me réjouis avec vous M. le capitaine. » La lettre échappa de mes mains, et si grande fut ma joie que le terrain faillit me manquer sous les pieds. Je compris alors qu'une joie excessive peut donner la mort subite plutôt que la continuité des peines. Je lus et relus la lettre conçue en ces termes : « S. M., en date du 10 décembre 1814, vous a nommé capitaine dans le 11e d'infanterie de ligne qui s'organise dans l'île de Capri... Vos peines sont finies... Le corps auquel vous appartenez en sera prévenu par la poste courante. En attendant, afin d'éviter de nouvelles perturbations, le ministre de la guerre vous a recommandé à votre nouveau colonel, qui est un Piémontais... Rendez-vous au plutôt à Naples... Je vous bénis...

» Votre père, De F.

Après avoir respiré quelques instants, je m'habille précipitamment et me présente au lieutenant-colonel, qui parut consterné en me voyant. Lisez, lui dis-je? — Il lit et me répond : « Nous n'en avons encore reçu aucun avis; attendez-le par la poste qui va arriver. » — Mon père ne pouvait me tromper ; son commissionnaire est arrivé avant le courrier. Cette âme de fer me dit enfin : « Je me réjouis avec vous, Monsieur le capitaine ; la cause de vos désagréments est que vous êtes trop ardent et trop libre dans vos procédés... Au moment où vous êtes arrivé, je donnais mes ordres pour vous faire libérer ; car le général, convaincu par mon rapport, ne voulait plus qu'il fut question de la forteresse. » — Monsieur, lui dis-je, dès le premier abord j'ai compris que vous vous laissiez tromper par une bande d'intrigants qui compromettent, vous et votre bataillon. La véhémence avec laquelle je prononçai ces mots frappa le cafetier colonel. « Déjà, répliqua-t-il, je m'en suis aperçu. » Dès-lors je méprisai hautement mes ennemis sans qu'aucun s'avisât de me demander raison de mes dédains ; ce qui ordinairement auprès des militaires, ne se paie qu'avec le sang. Les officiers prirent avec moi les dehors de l'amitié afin de dévoiler ma pensée ; mais je n'étais plus homme à prendre le change sur leurs intentions. Les ordres du ministre une fois arrivés, je songeai à partir pour Naples. Eole sourit à mon voyage, et, en peu d'heures, je touchai le sol de ma patrie, et je goûtai, au sein de ma famille, tout le bonheur réservé à un homme qui, après avoir été balloté par la tempête, après avoir vu les vents déchaînés, la foudre gronder sur sa tête, l'abîme entr'ouvert sous ses pieds et les ondes en furie prêtes à l'engloutir, voit enfin la sérénité reparaître, un soleil sans nuages briller autour de lui, toucher au port désiré et oublier ses peines et ses dangers dans les douceurs de l'amitié et les épanchements de la tendresse filiale. « Mon fils, me dit mon père, il vous est arrivé comme à l'Homme-Dieu sur le calvaire : à chaque pas une chute; avec cette différence que la cause en est dans la jeunesse de vos années. Je suis vieux, moi; profitez donc de mes conseils et fuyez, fuyez toujours les séductions des innovateurs qui, de tout temps, ont échoué dans leurs chimériques projets. Dieu veille sur l'innocence; vous en avez eu déjà bien des preuves. » De même que l'onction faite sur les membres d'un athlète les rendait vigoureux et souples, ainsi les paroles du plus sévère et, à la fois, du plus probe des pères descendirent dans mon cœur. Il a été généralement aimé et regretté après sa mort, au point que sa mémoire est encore fraîche et vivace dans le souvenir des bons. Ses paroles ranimèrent mes forces et vivifièrent mon esprit.

Je me présentai sans bâton au ministre, qui m'accueillit affectueusement et me souhaita un heureux voyage en me disant : « Le colonel du 11e et tous les officiers du régiment sont des étrangers... J'espère que vous saurez vous concilier l'estime de ces braves soldats. »

Je me rendis chez le colonel Rodriguez, chef du personnel, qui me dit : « Venez ce soir..., j'ai à vous parler. » Je demandai à mon père l'explication de ce mystère. Il répondit en souriant : « Le colonel veut peut-être vous donner connaissance de l'opposition qu'il a rencontrée de la part de l'inspection générale qui, ne pouvant contester votre ancienneté, soutenait que vous n'aviez pas assez de maturité pour occuper le grade de capitaine. » Mais le ministre en fit son rapport au roi qui répondit : « Qu'on rende justice à qui de droit... Je connais cet officier. » Ne voit on pas dans ce désordre la jalouse colère qui, excitée par ce qui m'était arrivé à Ancône, couvait encore secrètement contre moi... Je savais tout, et ma constance et mon dévouement au gouvernement furent mon égide jusqu'au moment de la dissolution de l'armée, arrivée après la catastrophe de 1821. Ayant témoigné ma reconnaissance à l'habile et intègre Rodriguez, je partis pour Capri. Le temps n'était pas propice ; car, au mois de janvier la traversée du golfe de Naples est très-difficile. Nous louvoyâmes long-temps et nous arrivâmes enfin sur la côte de Sorrento, qui nous permit de profiter d'un moment de calme pour diriger la proue du navire vers cette île où nous abordâmes cinq heures après. On sait que Tibère choisit Capri pour son domicile : preuve que son règne tyrannique n'avait pas encore étouffé dans son sein le goût de l'agréable et du beau. La ville est située au centre de l'île, et, si la montée depuis le bord en est facile, il n'en est pas de même du village nommé Anacapri, où l'on monte par un escalier taillé dans le roc. Cet escalier est un chef-d'œuvre de magnificence romaine; il est composé de 360 gradins d'une largeur de 6 pieds environ. Tellement superbe est le séjour de cette petite ville, que si l'on veut chercher encore au monde le paradis terrestre, c'est là qu'on le trouvera. Il sera à jamais gravé dans ma mémoire le souvenir de la riante simplicité de ses habitants et de la beauté idéale des campagnes qui environnent ce séjour enchanté. J'y dirigeai mes pas, impatient de me présenter à mon nouveau colonel. Je le trouvai se promenant dans la galerie de ses appartements, et discourant avec quelques officiers supérieurs. Il m'accueillit très-bien et me dit : « Venez dîner chez moi ; nous parlerons du reste à table... » Le colonel T... est connu en Europe par sa conduite politique : c'est lui entr'autres qui vota la mort de Napoléon, lorsque ce conquérant voulut se faire proclamer roi d'Italie. J'eus lieu d'être content de sa bienveillance à mon égard ; car non-seulement je fus respecté dans le régiment qu'il commandait ; mais encore, quinze jours après mon arrivée, je fus promu, à l'unanimité des votes, d'un corps respectable de capitaines, au grade d'adjudant-major : grade qui, dans ce temps, n'était pas sans importance ; car il était inhérent au droit de passer, dix-huit mois après, à celui de chef de bataillon : il est vrai qu'ils étaient *rari nantes* ceux qui survivaient à cet accablant exercice.

Revenons au colonel T... : il était petit de taille, brun et sillonné par la petite vérole, orateur distingué et véhément écrivain ; sa conduite néanmoins démentait ses principes de libéralisme. Cruel et inhumain envers les soldats, quoique les ordonnances prescrivissent l'usage du bâton, il lui substitua les nerfs de bœuf; il ne songeait pas que, pour ces manquements communs dans tous les corps et toutes les armées du monde, les pauvres soldats ne sont pas destinés à se voir déchirés par ce barbare instrument. Je ne pouvais alors me rendre raison de cette conduite; j'empêchai cependant qu'on imposât à mes subordonnés de pareilles punitions. Devenu adjudant-major, je protestai que je ne voulais pas faire l'infâme métier de bourreau; on crut que j'en avais écrit au ministre de la guerre, on cessa de flageller les hommes et on réserva ce châtiment aux voleurs seuls. Cette réforme m'inonda de joie et je me tus.

Le royaume de Naples étant inséparablement attaché au sort de l'empire et de la grande armée, tendait à sa fin. Trahi et battu en Russie, Napoléon cherchait à réorganiser de son mieux la marche de ses affaires, et projetait un nouveau coup d'état avec la réunion des débris de ses troupes; mais le vice-roi d'Italie fut fidèle, et Murat mal entouré se laissa tromper et joua, comme on le sait, le plus pitoyable des rôles. Telle fut la cause de la dissolution de l'armée des Deux-Siciles et de cette tache qui souilla la renommée d'un valeureux guerrier.

De Capri le régiment partit pour Naples. A notre arrivée dans cette vallée de confusion, chaque corps prit son quartier. Nos efforts étaient semblables aux derniers mouvements d'une victime palpitante. Mon père me dit : « Vous irez à la frontière pour vous y mesurer avec les allemands et les alliés qui viennent de renverser le colosse de Napoléon. Murat a fait une foule de bévues, et vous serez heureux s'il vous sera donné de capituler. Faites votre devoir et jetez-vous entre les bras de cette providence qui jusqu'ici vous a protégé toujours. » Je reconnus alors que notre cause était perdue.

Le peu de troupes réorganisées dans le royaume fournirent un contingent, et notre régiment fut destiné à faire partie de la 4me division commandée par le lieutenant-général Pignatelli; chacun s'achemina vers sa destination. Nous nous dirigeâmes à St-Germano, frontière du royaume de Naples. Après les premières étapes nous fîmes une grande halte pour attendre le général, qui nous joignit dans les plaines de Sessa, royaume de Naples, et ordonna que le colonel T... ayant été nommé adjudant-général, laissât le commandement du régiment au lieutenant-colonel Lombardi, homme distingué, valeureux et plein d'humanité; mais le colonel T... s'y refusa, en disant qu'il aurait marché à pieds à la tête des soldats qu'il commandait et que, durant la campagne, il n'acceptait point l'élévation au grade d'adjudant-général, grade qui se conferait à tous les colonels qu'on jugeait peu aptes au service; et certes le colonel T... l'était trop pour subir une pareille humiliation. Le général s'en inquiéta, et néanmoins, contre les lois de la subordination, le colonel T... commanda sous ses yeux le régiment. Le silence du général fut donc faiblesse et non condescendance. Il est à remarquer que le colonel T..., après avoir voté la mort de Napoléon, servit dans l'armée d'Italie et parvint au grade de chef d'escadron dans la gendarmerie : beau contraste pour un républicain ! En 1814, il couronna son œuvre en cherchant à passer de l'armée d'Italie dans celle de Murat. Que de contradictions ! Que d'infamies ! Et cependant mille et mille cas semblables se sont rencontrés dans les vicissitudes militaires de cette époque. Ce n'est donc point par ambition que, quoique jeune alors, je n'ai jamais voulu trahir les gouvernements ni manquer à l'accomplissement pur et simple de mes devoirs.

Le bruit courut que l'ennemi était arrivé à Yrosinone, au-delà de Ceprano, ville papale traversée par un fleuve qui en porte le nom et qui divise les deux royaumes. On bat la générale et chacun se rend à son poste; on lit l'ordre du jour qui, en prévenant la division que l'ennemi était en vue, exhortait à l'obéissance, à la valeur et à tant d'autres choses qui s'écrivent facilement et s'exécutent mal. Nous partîmes de là formés en colonnes, en sorte que la route semblait trop étroite pour contenir ces nombreux bataillons. Il était imposant ce spectacle de la marche de 30,000 hommes tous frais et bien montés. Nous avions un train magnifique et tout ce qui était nécessaire pour affronter l'ennemi. Quelque fort qu'il fût, il s'agissait de vaincre chez nous; mais le sort des armes avait été acheté et payé d'avance. C'était donc le moment de tout braver pour l'honneur de la nation. Le premier jour nous marchâmes jusqu'à la tombée de la nuit en faisant quelques haltes.

Nous campâmes à 18 milles d'un lieu appelé Mignano. A l'aube du jour suivant, nous rebroussâmes chemin et cela durant trois jours, au grand étonnement des officiers et des soldats qui ne pouvaient en découvrir la raison. Les soldats étaient fatigués et ennuyés, et les hommes habiles dans l'art profondément indignés de l'inanité de ces mouvements qui ne servaient qu'à dévoiler l'impéritie du général. Déjà le mécontentement se propageait, lorsque le preux Magdonald parut au camp, et le général B... prit, sous ses ordres immédiats, le commandement de la division. M. B... est connu par ses massacres en Calabre durant le decennium ou le règne de Joseph et de Murat. Les atrocités qu'il commit pour l'extirpation des brigands, ont surpassé peut-être les faits sanguinaires de Marat, de Danton et de Robespierre; il alla jusqu'à détruire les familles entières, en commençant le carnage par les enfants à la mamelle. Français d'origine, M. B... imprima une tache à la valeur et à l'humanité française.

Si *Spécial* et *Guidobaldi*, après le 99, firent ruisseler le sang humain, croyant ainsi plaire à ce prince séduit par les murmures des émissaires étrangers, et excité par la perfidie d'autrui, B... en prenant possession du pouvoir qui lui fut confié, surpassa lui seul tous les autres. Horrible était le carnage de ces malheureux parmi lesquels, si des coupables se rencontraient, ils se trouvaient confondus dans la masse des suspects, des mères désolées par le sacrifice de leurs tendres enfants. Nous vîmes enfin le terme de ces sottes manœuvres, et la division eut ordre de marcher sur Roccassecca. Le fleuve était grossi, mais guéable; ainsi cavaliers et fantassins le traversèrent sans la perte d'un seul homme; l'artillerie stationna la nuit et, à l'aube du jour suivant, elle fut rangée en ordre de bataille sous les hauteurs de Roccassecca. Magdonald ordonna d'avancer et, funestement pour nous, il quitta la division pour rentrer à Capoue afin d'y assister aux travaux des fortifications de la place. Il espérait que le général B... aurait eu le courage d'attaquer les postes avancés de l'ennemi, et il se fiait, quant au reste, aux braves officiers de l'état-major attachés à notre division. L'ignorance et l'obstination du général frappèrent de stérélité tous les conseils du lieutenant-colonel de Suchet et des autres officiers distingués de notre armée : M. B... n'ayant jamais fait la guerre, n'entendait rien à la stratégie. C'est ainsi, qu'arrivé à Roccassecca, il somma Ceprano de se rendre, et ordonna qu'un bataillon du 11e de ligne et un escadron de cavalerie s'avançassent sur le pont et, en cas de résistance, le forçassent en mettant le feu aux portes de la ville; ce qui s'exécuta vers le soir. Je fis partie de l'expédition. Nous marchâmes lentement et nous nous arrêtâmes en de çà du pont. Une heure avant la tombée de la nuit nous pûmes bien examiner la position des bastions. La porte était fermée et le plus profond silence régnait en ces lieux. Le chef de bataillon Comolles ordonna qu'un trompette escorté d'un piquet de lanciers s'avançât, pour demander le passage; mais à peine ils arrivent à portée du fusil, le malheureux se prend à sonner de la trompette et se voit salué par une décharge de mousquetterie des archers postés derrière les murs. Il tombe mort avec deux lanciers. Nous répondons à cet accueil par une charge; le capitaine Calvini s'avance le premier à la tête de sa compagnie et succombe avec beaucoup d'autres; le reste du bataillon redoublant la charge avec une étonnante célérité, met le feu aux portes pendant que les sapeurs les fendent, avec une indicible vigueur, à coup de haches; les balles pleuvent, mais en vain; car deux compagnies serrées renversent tout à l'entrée de la ville, et le reste de la troupe est déjà rangé le long de l'entrée du pont. Pierres, huile bouillante et tout ce que peut suggérer une défense désespérée était lancé sur nous par ses insensés; mais une heure suffit pour renverser la porte; et les soldats, pareils à des lions en furie, entrent dans Ceprano, baïonnettes croisées. Le général, qui dormait tranquillement à Roccassecca, est averti de cette résistance, et un renfort vient joindre le bataillon portant l'ordre de saccager et incendier Ceprano : ce qui était déjà commencé; car, comment contenir une troupe qui avait été spectatrice du massacre d'un si grand nombre de ses frères d'armes. Au milieu de cette grande confusion, je m'arrêtai sur la place avec l'état-major. Un grand nombre de citadins ne voulurent pas quitter la ville; agenouillés sur le seuil de leurs portes, ils imploraient la pitié. Je les rassurai en faisant placer des sentinelles devant leurs habitations, et, autant que la fureur des soldats me le permit, je sauvai leur vie, leurs biens et leur honneur.

Celui qui a fait la guerre peut seul comprendre ce que c'est que le sac et le feu, et de quoi les soldats sont capables en pareille circonstance. Je l'appris étonné, et n'oublierai jamais ce jour sanglant. La cité était déserte; les habitants s'étaient enfuis, excepté ce petit nombre de malheureux qui préférèrent la mort à la perte de tout ce qu'ils possédaient; et sans moi, Dieu sait quel sort ils auraient rencontré. Dans ma qualité d'adjudant major je priai quelques officiers de se loger chez eux et je fus exaucé. Cependant midi approchait et le sac durait encore; on fait l'appel et les soldats chargés de butin ne se présentent pas. La plupart sortirent enfin des maisons où ils avaient versé les tonneaux d'huile et de vin, inondant les caves et détruisant tout ce qu'ils ne pouvaient emporter. Plusieurs officiers s'enrichirent en dépouillant les bâtiments, enfonçant les murs et recherchant les cassettes de l'or. Le palais du colonel Ferrara, situé à la porte de la ville, fut ruiné de fond en comble, parce qu'on apprit qu'il avait commandé qu'on fît feu sur la troupe : certes il paya bien cher sa témérité, car après de profondes recherches on trouva l'or caché dans son palais.

A trois heures après midi, le général arriva accompagné de M. le général Pignatelli : on fit battre la générale : peu à peu chacun se rendit à son poste; on fait l'appel; il en manque un grand nombre; on envoie des patrouilles pour rappeler les absents; la plupart, oppressés par le vin, s'étaient livrés au sommeil; ensuite chacun prit quartier de son mieux. On plaça des hommes en vedette du côté de Frosinone, (pays de frontière à quelques milles de Ceprano); une compagnie de grenadiers et cinquante hommes à cheval eurent ordre de garder les avant-postes. La nuit se passa tranquillement; mais à l'aube du jour un détachement de lanciers allant à la découverte du côté de Frosinone, rencontre les Hongrois et se bat en désespéré. La plus grande partie en souffrit et plusieurs Hongrois furent blessés. Le général monta à cheval et m'ordonna de le suivre; un escadron de gendarmes fut envoyé pour examiner les positions et venger le sang de leurs camarades. Ils rencontrèrent le même sort. Les tirailleurs ennemis étaient supérieurs en force; et nous, au lieu d'aller les attaquer dans leurs retranchements ou de les attendre de pied ferme, nous reçûmes l'ordre de battre en retraitre. Cette mesure indigna les braves. Qui ne reconnaît dans tout cela l'ineptie du général et la terreur qui présidait à toutes ses démarches? M. Franceschetti, corse, qui commandait une brigade, s'opposa à une honteuse retraite, et voulait qu'on attendît l'ennemi à Ceprano, faisant toujours renforcer les postes avancés sans attaquer, comme l'avaient déjà fait, par une bravoure imprudente, les commandants des détachements. On ne l'écouta pas, de crainte que les Cepraniens, joints aux masses de la campagne et aux Allemands, ne missent le feu à la ville. Sans doute le cas était possible; mais ne pouvait-on et ne devait-on pas le prévenir par la vigilance, la fermeté et la discipline? Les remontrances furent inutiles et on quitta Ceprano en plein jour. La brigade se réunit sur la place, et nous nous avançâmes vers le pont, poussant l'aveuglement jusqu'à ne laisser qu'une faible arrière-garde. Des archers cachés dans les souterrains de la ville en furent avertis, reprirent leurs positions et poursuivirent à coups de fusil et de pierres le peloton de l'arrière-garde : cinq hommes furent tués sur le pont. L'ennemi s'aperçut, à ces puériles manœuvres, que les soldats cherchaient à se battre, mais que les chefs ignoraient l'art de la guerre : il continua donc à se tenir sur la défensive et épuisa toutes les ressources de la tactique pour nous surprendre pendant la nuit. C'est ce qui arriva : après une défense obstinée, nous fûmes trompés, mais non battus. Cependant le général allemand mesurait ses pas et pensait à tout, sinon à entrer dans le royaume aussi vîte. C'est ce qui me fut assuré par les officiers de l'armée impériale; car ce Carascosa, tout puissant sur l'esprit de nos soldats, en sa qualité de maître de stratégique, sut, à l'aide des débris de l'armée débandée à Tolentino, disputer la victoire au général Bianchi; et nos bataillons carrés firent, à Castel di Sangror (royaume de

Naples) et ailleurs, un horrible massacre de la cavalerie hongroise qui, comme on le sait, est le principal soutien des armées autrichiennes, l'infanterie ne vaut rien.

Si donc les généraux avaient eu le cœur de tenir tête aux Allemands qui venaient des environs de Frosinone, nous aurions eu du moins la gloire de combattre; mais *sic erat in fatis*. Sous le commandement du général Mak nous fûmes battus en 89, parce que nous fûmes trahis; dans la campagne de 1815, nous fûmes encore battus en partie, parce que nous fûmes trahis et parce que la division régnait parmis les chefs de l'armée. Le général Carascosa se distinguait tous les jours et éloignait, autant qu'il pouvait, l'ennemi des portes de Capoue, espérant un secours de la division de réserve qui se trouvait dans les plaines de Mignano. Cependant il connaissait la valeur de ses collègues, et certes les sujets ne manquaient pas pour les faire remplacer; ou il n'y pensa pas, ou il crut qu'il était facile, de battre en retraite, pour se réunir à lui qui guidait et dirigeait les débris des masses de l'armée d'Italie. Dans cet état de choses l'ennemi savait que toutes les populations étaient insurgées pour la défense de leur légitime souverain, et, du haut de leurs montagnes, examinaient les mouvements militaires. Nous sortîmes de Ceprano et il nous suivit; c'est pourquoi chaque jour notre arrière-garde se battait avec l'avant-garde allemande, nos lanciers, quoique jeunes conscrits, résistaient aux Hongrois et nos escadrons les harcelaient continuellement. De nombreuses escarmouches eurent lieu avec des pertes réciproques. Sitôt arrivés sur les hauteurs de Mignano, nous traversâmes les défilés de ces montagnes; le général allemand nous laissa et s'arrêta vers Roccassecca; les soldats, poursuivis pendant deux jours entiers et tourmentés sans cesse, n'avaient presque ni nourriture ni repos. On donna l'ordre de camper. Un bataillon du 11ᵉ de ligne, commandé par le valeureux del Po, fut placé comme poste avancé au pied de la montagne, afin d'attendre, soutenu d'un escadron de cavalerie, l'arrivée des allemands; force bien faible pour résister à une agression générale; mais nos supérieurs pensaient que l'ennemi se serait borné à nous guetter sans en venir à un coup décisif. Hélas! qu'ils se trompaient! Le capitaine Cerachi qui avait fait la guerre en Espagne, nous dit: « Notre position est militaire; mais elle n'est pas gardée comme elle devrait l'être; et si l'ennemi a du tact, cette nuit nous risquons d'être surpris et battus; car le soldat est fatigué et nous serions dans l'impossibilité de nous réunir. » Tout était silence et l'on n'entendait que le pétillement des feux du camp. Morphée s'emparait peu à peu des malheureux mortels, et à peine entendait-on le cri des sentinelles qui, d'heure en heure, donnaient l'alerte à leurs camarades. Je me couchai sur le lit de camp que les soldats ont soin de préparer à leurs officiers, au moyen de paille et de feuilles d'arbres ; un prompt sommeil vint me délasser de mes veilles et de mes travaux. Tout-à-coup je crus rêver en entendant ce cri : « Capitaine, le feu est commencé ; les postes avancés ont été déjà attaqués. » Je me lève ; c'est minuit : deux heures s'étaient écoulées. J'ordonne à mon domestique de me suivre ; je cherche précipitamment Bagnanichi, Poggioli, Gavini et Cerachi, mes bons camarades. Bagnanichi, bon guerrier et déjà capitaine depuis dix ans, me rencontra le premier et me dit : « Depuis un quart d'heure del Po se bat et l'on ne songe pas à voler à son secours... Où sont les généraux ? » Vainement je les cherche... Plusieurs officiers se réunissent, entr'autres le colonel T... — Que faisons-nous, colonel ? lui dis-je. — « C'est ici notre poste, dit-il ; placés de distance en distance, nous sommes destinés à former l'arrière-garde. Vos collègues Garofalo et Meyer éveillent les gens ; car il est défendu de battre la caisse ; nous attendrons ici l'ennemi si nous ne recevons l'ordre d'avancer, et je doute qu'il en soit ainsi; car le calme le plus profond règne dans l'aile droite; j'ai couru jusqu'à ce moment et n'ai rien pu découvrir. » Malgré son caractère amphibie, le colonel T... n'avait pas renoncé aux sentiments qui distinguent le soldat d'honneur. Nous attendons l'ennemi en lui fermant le passage sur la grande route. On entendait dans le lointain les cris des Allemands, qui ont coutume de charger en remplissant l'air de leurs hurlements. Bientôt après un capitaine qui commandait l'escadron de cavalerie de l'arrière-garde (par un reste de pitié je ne le nommerai pas) courut vers nous à bride abattue, ayant tourné le dos aux Autrichiens. Tous les officiers du onzième, l'épée en main, le forcèrent à retourner au combat. Ce lâche qui, en garnison, semblait vouloir faire trembler la terre à son aspect, prend de nouveau la fuite; l'ennemi le poursuit et met en déroute son escadron. La cavalerie hongroise portant en croupe les chasseurs tyroliens dont les mousquets vomissaient une grêle de projectiles, s'empara de la grande route à coups de sabre et de carabine. La charge fut instantanée et meurtrière ; les soldat surpris, éparpillés et délaissés du reste de la colonne, furent en partie blessés ; les autres se réfugièrent dans une vallée. A la faveur de la nuit l'armée ennemie défila au milieu de nous et laissa une forte arrière-garde, pour s'emparer des restes de nos bataillons et faciliter son passage. Tout était rapine, carnage et terreur. Je me trouvai entouré de blessés et j'en vis plusieurs autres qui, couchés aux pieds d'un arbre, feignaient de l'être. Les chevaux cessent enfin de faire trembler la terre sous leurs pieds impatients et retentir de leurs hennissements les airs étonnés, et j'entends ce cri : « Nous sommes sauvés ! » Infortuné Cerachi ! il est dépouillé et désarmé avec les sous-officiers faits prisonniers avec lui. Les barbares meurtrissent sa figure à coups de sabre. Je cherche à alléger le poids de la douleur qui m'oppresse ; et pour comble de malheur, je vois mon fidèle Valérius étendu à mes pieds. Sans quitter mon poste j'appelle Bagnanichi et Gavini, et respirai à cette voix : « Nous voici... Nous te cherchons depuis long-temps et nous te croyions mort. » Je sors de ce gouffre et je vois quelques cadavres ; mais ce qui m'affligeait le plus, c'étaient les gémissements des blessés. Je propose à mes amis de gagner la montagne... Ils hésitent à se jeter dans la vallée ; les feux étaient presque éteints ; on s'exposait souverainement en s'aventurant dans ces réduits sans lumière et sans guide. Tout-à-coup nous apercevons les allemands qui revenaient sur leurs pas, avides de nouveau butin. Je me lance le premier ; les autres me suivent ; je tombe, je me relève meurtri et je vois à mes côtés Poggioli, Bagnanichi et Gavini. « Que ferons-nous ici, dit le premier ?... Vois-tu ces soldats débandés prêts à égorger tout ce qu'ils rencontreront... Ce sont des Napolitains. » — Laissez-moi faire, répondis-je. — Nous coupons des branches d'arbre en guise de bâtons pour soutenir nos pas dans ce voyage épineux, et nous nous prenons à grimper comme des chamois, pour gagner les hauteurs. A chaque pas nous trouvons des soldats qui, armés de leurs fusils, faisaient la même route que nous (les soldats allemands quand ils prennent la fuite jettent leur fusil, leur schakot et souvent ils se déchaussent); plusieurs d'entre eux me connaissaient; ainsi, loin de nous inquiéter ils s'offraient à nous escorter; parmi eux se trouvait un sergent à qui j'avais fait du bien, et j'avoue qu'en l'apercevant je respirai. Nous passâmes la nuit à escalader ces montagnes sans savoir où nous allions aboutir. En traversant un petit village, nous l'échappâmes belle. Craignant le brigandage des troupes, des hommes armés en défendaient l'entrée. Un sergent et deux grenadiers nous accompagnaient; à peine fûmes-nous en vue que le plus déterminé nous cria :

« Ne bougez pas, sinon vous êtes morts. » Ils étaient quinze environ. J'ai recours à un stratagème et je réponds : Nous sommes des déserteurs de l'armée parce que nous n'avons pas voulu nous battre contre notre souverain. » Le sergent appuya ma réponse ; cela n'empêcha pas cette canaille d'arracher nos épaulettes et de nous enlever ce que nous avions de mieux... Ils fouillent nos poches où ils trouvent peu d'argent et nous disent : «Nous vous laissons la vie parceque vous êtes restés fidèles au roi; sans cela vous trouviez ici votre tombeau; à quelque distance d'ici vous rencontrerez une auberge. » — Sans argent que ferons-nous, répliqua le sergent? — Le syndic pensera à tout, répond l'un... Un autre plus humain nous rend un demi écu, et nous partons étonnés d'avoir pu échapper des mains de cette engeance. Il nous restait quelques louis que nous avions fait coudre sous les parements de notre uniforme. Rentrés à Capoue nous apprîmes que ceux qui avaient de l'argent dans leur ceinture avaient été dépouillés. Il vaut donc mieux au besoin cacher ses écus dans sa cravatte, que de s'exposer à perdre avec la vie le peu qui reste à un militaire en campagne. Nous arrivons à cette auberge où plusieurs militaires s'étaient réunis. Après nous y être reposés et restaurés un peu, nous cherchons le *syndic* autrement appelé *maire;* il dormait; nous l'attendons une heure et demie, après quoi nous sommes introduits chez lui. Sa jeunesse et son urbanité m'inspirèrent de la confiance, et je lui dis : Voici devant vous quatre officiers... pour ne pas tomber entre les mains de l'ennemi, nous voulons nous rendre à Capoue par voie indirecte; car la grande route est occupée par les allemands et gardée par des soldats en vedette; notre projet est de nous déguiser en pasteurs... Nous vous prions de nous procurer des habits; nous échangerons notre uniforme pour des haillons, pourvu qu'ils soient propres. Le syndic fait appeler un barbier qui rase nos moustaches et se charge de notre changement de costume. Un moment après il apporte les objets nécessaires; nous nous revêtons de ces haillons. Le syndic fait appeler un soldat vétéran et lui ordonne de nous conduire à notre but. Nous payons, nous embrassons le maire et nous partons. Le sergent nous quitta pour se rendre chez lui à Mola di Gaeta, petite ville située non loin du fleuve Garigliano, sur les bords de la Méditerranée, et peu éloignée de cette place formidable. Ce pays charmant est entremêlé de jardins et de riantes campagnes. Tous ceux qui vont de Naples à Rome doivent y passer et ne peuvent rassasier leurs yeux du spectacle de ces lieux enchanteurs. Nous étions tellement travestis que nous nous regardions étonnés, et ne pouvions presque nous reconnaître les uns les autres. Nous marchâmes toute la journée traversant les champs avec une peine incroyable. Vers les huit heures du soir les forces nous manquèrent pour avancer encore; nous priâmes notre guide de nous chercher un asile. —

« Dans un quart d'heure, nous dit-il, nous trouverons une cabane. » En effet nous ne tardâmes pas à l'apercevoir. Nous coupons la corde qui tenait lieu de serrure et nous entrons : tout y est silence et terreur. A l'aide des étincelles que fait jaillir le briquet bienfaisant, nous apercevons une lampe; nous l'allumons; nous faisons nos recherches dans l'asile rustique, et nous y trouvons des instruments aratoires, de l'huile, du vin, du pain de Turquie et des ognons; nous saisissons les pioches et quelques vieux couteaux pour nous défendre en cas d'attaque, et nous tenons conseil sur les moyens de nous garantir, durant la nuit, de quelque agression des bergers de ces parages. Il fut décidé que chacun de nous, les armes à la main, monterait la garde à l'entrée de ce lieu, en se faisant relever de deux heures en deux heures. Nous confortons notre estomac; nous ramassons de la paille et du foin pour en fabriquer nos modestes couches; nous tirons au sort les numéros de la garde, et je fus le quatrième. Gavini ferme à demi la porte et monte le premier à son poste; après lui Paggioli. Venait en troisième lieu notre guide, que je ne voulais pas distraire de son sommeil parce que je doutais de sa fidélité; mes amis opinèrent qu'il ne fallait pas lui occasionner des soupçons; mais le misérable, nous voyant tous endormis et accablés de lassitude, se retira, nous laissant à la merci des brigands et des bêtes féroces. Est-il donc vrai que la nature puisse enfanter des âmes aussi viles... Il avait déjà reçu à compte un demi écu, et nous nous estimâmes heureux, à notre réveil, que le fripon, en s'enfuyant, n'eût pas songé à visiter nos goussets. L'aurore commence à poindre et nous ouvrons les yeux. Un homme manque à notre appel... Mes compagnons étonnés s'écrient: «Que ferons-nous à présent?» Laissez-moi parler seul, répliquai-je, dans cet accoutrement on nous prendra pour des campagnards.

Nous reprenons notre route, suivant au

hasard la ligne des montagnes ; nous parcourons plusieurs milles et nous nous asseyons près d'un ruisseau, fatigués et pensifs, espérant que quelque passant altéré s'approcherait de nous et deviendrait notre ange de bon conseil. Nous nous entretenons sur les moyens de nous procurer un refuge pendant la nuit ; voilà qu'une femme menait par la main un enfant de neuf ans environ ; nous l'attendons afin de ne pas l'effrayer ; la précaution eut sont effet ; arrivée près du ruisseau, elle commence à laver quelques haillons de toile et l'enfant s'assied auprès d'elle mangeant un morceau de pain de Turquie. Je m'approche avec lenteur et circonspection... Surprise et déconcertée elle s'écrie : « Que voulez-vous de moi ? la campagne est déserte ; chacun est armé dans la montagne, et vous exposez ainsi votre vie ? » J'affecte un accent analogue à ma tenue en lui disant : « Je suis de Capoue... J'étais allé à Roccassecca pour y acheter des porcs, et j'ai dû changer de route parce que la grande est occupée par les allemands. Tout à coup arrivent mes camarades qui me disent, en dialecte corse : « Maître, nous vous avions perdu. » — « Vous êtes le patron de ces gens-là, me dit la paysanne ? » Oui, lui répliquai-je, faites-nous le plaisir de nous conduire sur le véritable chemin, afin que nous puissions nous rendre au plus tôt chez nous. — « Je ne m'y hasarderai pas. » — Mais je vous paierai bien. — « Pour tout un royaume je ne ferai pas un pas... je vous plains... sans armes vous courez le plus grand danger. Ce que je puis vous conseiller, c'est de suivre toujours cette direction (qu'elle indiqua du doigt). » En achevant ces mots elle se dirige avec son enfant vers la colline.

Découragés, sans provisions de bouche, nous cheminons encore un peu, résolus à choisir un grand arbre pour y passer la nuit sous ses rameaux hospitaliers. Bientôt paraît un jeune homme conduisant trois grisons. — Où allez-vous, bon homme? je pris à lui dire. — « Je m'en retourne au pays à travers ces sentiers tortueux, vu que la grande route est pleine d'allemands et d'hommes armés. » Laisser échapper cette occasion eût été une gaucherie. Bravo, tu as trouvé fortune, lui dis-je, nous devons nous rendre à Capoue. Voici un écu, nous monterons à cheval et voyagerons même la nuit au lever de la lune... Es-tu content? Le paysan troublé pense que nous serions hommes à employer la violence; il répond en haussant les épaules : « Comme vous voudrez; mais à mon retour, on me volera mes bêtes, et mon patron me tuera. » J'ajoute aussitôt : « Je suis un riche marchand;... tu resteras avec moi;... j'écrirai à ton maître et tu ne ressortiras pas de la place avant que tout soit arrangé. » — « Je me recommande à votre bonté, dit le jeune campagnard. » — Gavini et lui furent destinés à l'avant-garde; nous suivons nos éclaireurs à bride abattue, deux heures après le crépuscule du soir. Animé par nos promesses, encouragé par les arrhes qu'il avait reçues pour le louage des ânes, le conducteur qui connaissait la localité, nous conduisit vers une maisonnette dont la porte était fermée au moyen d'un gros bâton transversal. Nous crions et frappons plusieurs fois... point de réponse. Nous ouvrons et ne trouvons pas âme vivante. La lampe s'allume et se présentent à nos regards un vieux jambon, du pain, du vin et des ognons. Une sentinelle se promène hors de la porte; deux heures s'écoulent sans qu'on s'en aperçoive; le conducteur s'endort; nous attendons en causant le lever de la lune. La déesse aux trois cornes vient enfin réjouir nos yeux et égayer ces lieux solitaires. Nous décrétons qu'on attendra l'aurore. Instruits par une première leçon, nous changeons toutes les deux heures la faction, en laissant notre guide entre les bras du sommeil.

Malheureusement parmi les ânes se trouvait une femelle. Négligemment attachés, les deux mâles font diligence, rompent le licou et veulent absolument multiplier l'espèce en couvrant la pacifique ânesse. Une lutte de jalousie s'élève entre eux ; ils font un tel vacarme qu'ils éveillent les dormeurs. Nous séparons les gladiateurs ; nous les rattachons plus solidement en raccourcissant leur chevêtre, et nous rîmes long-temps en pensant à la bestiale aventure. Dépités par notre rigueur, les deux courtisans font retentir toute la vallée de leurs interminables braillements. Nous craignons d'être découverts et nous disons au conducteur : « Que faire ici ? » — « Il faut les bâtoner, répond-il. Nous nous armons, et, à force bastonnades, nous réussissons à faire rentrer dans le devoir cette engeance mal élevée. A cette grêle de coups et d'imprécations à l'ordre du jour chez le campaguard, je me pris à rire comme un écervelé, laissant aux autres le soin de calmer ces bêtes enragées. Le calme reparaît et le jour commence à poindre. « A midi nous arriverons à Capoue, dit le piéton, pourvu que les sentiers des fermes des vaches, par où nous devons passer, soient libres. » — « Comment, dis-je, s'ils ne sont pas ouverts nous forcerons les balustrades. » — « Cela ne suffit pas; ces lieux sont gardés toujours par des hommes armés qui parfois dépouillent les passants. Si donc vous avez de l'argent, réservez pour eux quelque petite chose et gardez le reste. » Nous avions déjà pensé à tout; nous avions changé deux louis chez le syndic et nous avions caché le reste dans les pans de nos chemises. Poggioli trouva l'expédient; je ne puis lui refuser le mérite de l'invention. A son avis nous répondîmes : « Nous ne sommes pas bien munis, il est vrai, mais nous avons de la monnaie pour nous défrayer. Nous montons à cheval et nous cheminons sans rencontrer personne. Impatients d'arriver nous aiguillonnons sans cesse nos étalons. Vers les dix heures du matin nous apercevons les balustrades destinées à fermer le passage : elles étaient ouvertes; cela m'inspira des soupçons. J'appelle le guide et lui demande l'explication de ce mystère. « Ne vous en étonnez pas, dit-il, les premières haies ne se ferment que la nuit... plus avant nous en trouverons une autre... là il faudra nous tenir sur nos gardes. » Certes, eût-il même été d'intelligence avec les brigands, je n'aurais pu le croire. A un demi mille de distance nous rencontrons la seconde barricade ouverte aussi, mais grande fut notre surprise quand nous aperçûmes un homme armé qui en défendait l'entrée. « Arrêtez, nous crie-t-il d'un ton déterminé; où allez-vous ? » et il arme le chien de son fusil. — Je lui réponds sans hésiter : « Nous venons de Roccassecca et du travail. » — « Du travail ? » et il fixe sur nous un œil fier et scrutateur. — « Nous sommes des charpentiers, lui dis-je, nous revenons au pays, et, par crainte des milices débandés, nous avons évité la route neuve. » — Oui, oui, vous devriez me la conter un peu mieux... courage... laissez là votre argent. » — Nous fouillons nos poches et chacun de nous lui présente une pièce. — Est-ce là tout ce que vous avez ?.. Sortez le reste.. » Bagnanichi se trahit en parlant avec fierté. Le gardien lui plante sur le sein sa bouche à feu en disant : « Si tu ajoutes une syllabe, je te fais manger ici un morceau de terre. » Expression pour moi tout à fait nouvelle et que je n'ai jamais oubliée. Le champion était muni encore de deux pistolets et d'un long coutelas. —Comment faire ? Je prends la parole et le persuade adroitement que, Calabrais de naissance, cet homme s'emportait facilement... Appaisé par mes représentations, le voleur nous laisse remonter sur nos baudets, à condition que nous déposions à terre une quantité plus considérable de monnaie. — « Allez, dit-il, et ne regardez pas en arrière, sinon vous savez le sort qui vous attend. Nous filâmes tête baissée sans qu'un seul d'entre nous osât violer le précepte. A une certaine distance de l'infâme réduit, je demande au conducteur pourquoi cet ordre de ne pas regarder en arrière. Il me répond en guettant tout autour : « Là devaient être les véritables gardes cachés derrière ces échaliers... comme je les connais, il n'ont pas voulu se montrer... peut-être est-ce par ce que nous étions en compagnie que vous n'avez pas été dépouillés de tout. » — Avons-nous encore à craindre. — « Non, Monsieur, répond le fidèle jeune homme... les mauvais pas sont passés... » Cependant nous découvrons les murs altiers de la forteresse de Capoue, qui s'élevaient au milieu de la campagne... Nous accélérons la marche, et demi-heure après nous sommes en face des avant-postes. — Tout y était silence; les sentinelles napolitaines se promenaient sur les bastions. A la première porte nous déclarons au guide notre état; nous lui donnons encore deux écus; il en fut satisfait et, réfléchissant aux affaires de son maître, il résolut de s'en retourner en nous priant de témoigner par écrit qu'il avait été forcé à nous suivre et ce que nous lui avions payé pour l'usage de ses ânes. Cette probité patriarcale nous émut; non-seulement nous lui délivrâmes une ample déclaration, mais nous lui donnâmes encore un écu de bonne main.

Nous nous présentons à l'officier de garde en lui déclinant nos noms. Ne nous connaissant pas, il nous dit : « Permettez que je vous fasse conduire chez le commandant de la place. » Je commençai à craindre une nouvelle mésaventure et je lui demandai quels étaient les généraux qui se trouvaient dans la ville. « Le ministre de la guerre Magdonald, reprit-il, avec quatre autres. » Nous demandons à lui parler. Le ministre examinait les remparts et les fortifications; nous l'accostons, et Bagnanichi, comme le plus ancien, prend la parole et lui raconte nos aventures. S. E. nous écoutait avec un air d'irrésolution; car, ainsi masqués, il ne pouvait nous reconnaître. Dans cette alternative je luis dis : Général, je suis le capitaine de F... ; est-ce que le son de ma voix ne suffit pas ? — « Oui , je vous reconnais maintenant, s'écria-t-il, l'on vous croyait prisonniers ou morts... Avec quel bonheur je vous revois ! Trouverez-vous vos équipages ici dans les magasins ? » — Oui, général. — « Eh bien, allez vous changer... Voici ma bourse ; restaurez-vous et, ayant reconnu vos effets , partez sans délai pour Naples. Vous vous présenterez au commandant de cette place... là vous serez nécessaires... je donnerai les ordres qui vous regardent. » Nous remerciâmes tous le ministre pour le secours offert par sa générosité, en l'assurant qu'il nous restait assez d'argent pour nous rendre à notre nouvelle destination. Il voulut nous faire accompagner par un sous-officier du génie. Nous courûmes empressés au dépôt des effets, et à peine fûmes-nous en état de reconnaître les nôtres : l'excès de la joie nous avait mis hors de nous-mêmes. On appelle un serrurier pour ouvrir les cadenas, et nous faisons transporter nos bagages à l'hôtel.

D'après les paroles du ministre nous avions compris clairement que les affaires étaient en mauvais état, et l'incertitude où nous étions nous tourmentait singulièrement. Nous nous changeons et nous allons dîner. En revoyant quelques-uns de nos camarades, nous apprîmes avec surprise qu'il s'agissait d'une capitulation assez honorable pour l'armée ; que le général Carrascosa avait fait sa retraite tout en battant les allemands ; et que le général Bianchi, pour éviter l'effusion du sang au siége de Capoue, avait accepté la capitulation. Nous pensions rêver, et long-temps nous hésitâmes à le croire. Cette capitulation sera à jamais mémorable ! Car certes, elle devait être honorable pour l'armée qui, débandée et victime de la trahison, faisait encore trembler ses ennemis : pareille au lion blessé qui, même dans son agonie, paraît invincible et dont les longs rugissements portent encore partout l'épouvante et l'effroi.

Qui jamais capitula avec des lâches ! Ainsi

le général Bianchi, en nous proposant des conditions avantageuses, fut sage et juste admirateur de la bravoure des soldats de cette armée, au moment même de sa ruine. Ils ne sont donc pas des lâches les napolitains!

Le jour suivant nous partîmes pour Naples; nous arrivâmes dans l'espace de quatre heures dans cette immense capitale où le mouvement et la variété des objets sont tels que l'étranger s'y perd; il faut y être né pour pénétrer d'un coup-d'œil le mot d'ordre du jour.

Je découvris sur toutes les figures le découragement et la confusion causée par la mutation du gouvernement. Les prédictions de mon père se représentaient alors à mon esprit; mais ce qui me consolait, c'était que je pouvais lui dire : « Si nous n'avons pas vaincu, nous avons du moins capitulé. » Le cocher parvint enfin, à force d'efforts, à s'ouvrir un passage à travers cette multitude de peuple, qui se pressait agitée dans les rues, pareils à des essaims d'abeilles dont une main novatrice aurait troublé les habitudes et les travaux.

J'accompagnai mes frères d'armes à l'hôtel, fixant notre point de réunion au café de la *Méridienne*. Je les embrasse et me dirige aussitôt vers la maison paternelle. J'y trouvai mon père qui se promenait pensif dans sa chambre; je lui baisai la main et voulus lui parler. Il m'interrompit en disant : « Je sais tout; si la capitulation est respectée, nous serons à l'abri de toute persécution; sinon malheur à moi le premier, pour avoir suivi les conseils de votre mère, en acceptant la charge de gérent général du génie, et à vous aussi, pour avoir servi avec activité. » Cet exorde me frappa singulièrement et me rappela tout ce qu'il m'avait dit au moment où je voulais entreprendre la carrière militaire. Ma mère lui dit : « Vous êtes trop visionnaire; vous n'entrevoyez partout que des dangers. » Et mon père, qu'on appelait dans la famille l'esprit de contradiction accélérait ses pas sans s'en apercevoir. Heureusement je vis entrer alors le président Melchiorre, mon oncle, qui m'embrasse et me dit : « Bravo, vous avez fait vos affaires et nous les nôtres. » — Mais mon père n'est pas de cet avis. — « Ho! ho! reprit-il avec gravité, vous avez tort en ceci, D. Vincent; les alliés garantissent la capitulation; elle est déjà signée par le général Bianchi et le prince Léopold, qui entrera à Naples après demain à la tête des troupes germaniques. Tranquillisez-vous donc et songeons à nous réjouir en l'honneur de ce traité. »

La fermeté de Carascosa et sa retraite prouvèrent d'une manière éclatante qu'il était tout puissant sur l'esprit des soldats napolitains.

Carascosa montra à ses collègues, à l'étranger et à la nation qu'il savait, quand il voulait, disputer la victoire à l'ennemi. Si sa probité avait égalé sa valeur, son nom certes ne serait pas resté dans l'ombre.

Mon père fait trève un moment avec ses sombres pensées; la sérénité reparaît au sein de la famille. Je sors en uniforme blanc avec le président qui venait d'être élu chef des patrouilles d'officiers qui s'organisaient pour maintenir le bon ordre dans la ville; il imposait au peuple le spectacle des magistrats armés, des employés administratifs et d'environ deux mille officiers qui montaient la garde nuit et jour, jusqu'au moment où les troupes autrichiennes arrivèrent aux portes de Naples. « Adieu! s'écriait-on communément; adieu! foi sainte! adieu! magasins loués pour y déposer les dépouilles des honnêtes citoyens! adieu! frivoles espérances! » Les *lazzaroni* (populace) tremblaient, et leurs fauteurs mal intentionnés ne pouvaient réaliser aucun projet; car sans cesse les prisons s'ouvraient pour les recevoir. Grande et belle fut toujours cette institution de la garde civique, composée des membres les plus distingués de la nation. C'est elle qui, à diverses époques, sauva Naples de l'anarchie et du pillage; c'est elle qui plus tard consolida bien des royaumes en Europe.

A l'heure et au jour indiqué par les proclamations du gouvernement provisoire, les allemands parurent à Capo-di-Chino (faubourg situé à un mille de la ville). Madame Murat resta dans son palais jusqu'au moment où elle vit défiler les troupes. L'héroïque caractère de cette princesse fit l'admiration de tous les napolitains. Pourquoi, dit-elle, quitterais-je la ville au moment où je ne la vois pas libre et à l'abri du pillage! Le prince D. Léopold, fils du roi Ferdinand, qui était entré à la tête de l'armée autrichienne, ordonna qu'on eût pour elle les plus grands égards et fit surveiller le transport de ses effets à bord du vaisseau sur lequel elle s'embarqua. Pendant la nuit on n'entendait que le son des trompettes et des tambours, et le bruit des chevaux; les troupes se rendaient à leurs quartiers respectifs; la confusion régnait dans la cité, surtout parmi le peuple qui n'entendait pas la langue de ces nouveaux hôtes; la plus grande activité régnait dans les pintes, les restaurants et les hôtels. Sur divers points de la ville on rencontrait des soldats ivres que le peuple suivait en foule, soit par curiosité, soit pour leur indiquer les casernes. Nous continuons notre service, montant alternativement la garde avec les allemands lorsque l'aurore parut. Les citadins armés rentraient dans leurs foyers. Un grand nombre d'édits et de proclamations furent affichés, concernant le bon ordre à observer, ainsi que les rescrits souverains, qui, en confirmant la capitulation stipulée à Casalanza, garantissaient la propriété, la sûreté des personnes et la sévère administration de la justice.

Les souvenirs du passé s'effaçaient peu à peu, et les passions particulières allaient s'assoupissant de jour en jour; chacun jugeait qu'il était du bon sens de se conformer au nouvel ordre de choses. Le prince D. Léopold, connu par sa libéralité, accueillait bien les requêtes et en remettait la décision à l'arrivée du roi. Cependant les officiers de retour se promenaient dans Naples, attendant l'exécution des traités et leurs destinées futures. Des disputes et même quelques petits faits d'armes eurent encore lieu dans les hôtels, les cafés et les places publiques entre nous et les officiers allemands qui, buvant le vin à grands traits au lieu de bière, provoquaient le premier venu. Pour obvier à ces désordres le général Bianchi publia un ordre du jour fulminant, prescrivant à tous les officiers de se réunir en un lieu plutôt que d'errer de toutes parts cherchant chicane. Les mêmes ordres furent communiqués aux nôtres par le général commandant de la place, Tschudy, homme d'une intégrité reconnue, et tout resta suspendu jusqu'à l'arrivée du roi.

Les *speranzuoli* (ainsi nommés parce que, espérant une mutation, ils n'avaient pas voulu servir les français), les *speranzuoli* attendaient l'arrivée du roi Ferdinand comme les juifs attendent la venue du Messie. Celui-ci voulait être colonel, celui-là magistrat, un autre chef d'un corps administratif; tous cherchaient à satisfaire leurs faméliques appétits à force de bâtir des châteaux en Espagne. Pendant que le parti légitimiste buvait ainsi à longs traits dans la coupe idéale de l'espérance, les muratistes restaient dans leur orbite, en attendant le développement de ce conflit de tant d'opinions diverses. Mon père qui avait été compagnon d'armes du général Tschudy, était au courant des nouvelles les plus récentes; il apprit, entr'autres choses que la volonté du roi était de laisser chacun à sa place. Tous les jours on courait à la mer pour découvrir la flotte qui apparut enfin. S. M. débarqua à l'Immacolatella, résidence du corps sanitaire, et fut reçue avec des transports de joie. Quoique les gouvernements nationaux eussent dégénéré par fois en fait d'administration de la justice, le peuple, animé de ce sentiment qui fait aimer à l'homme tout ce qui tient à sa patrie, revit avec joie ses souverains, préférant l'excessive rigueur d'un concitoyen aux caresses simulées de l'influence étrangère; ainsi les italiens parurent disposés à se contenter du *statu quo* dans lequel ils se trouvaient avant 99. Mais la mode et la manie de la réforme et de la nouveauté ont ruiné l'industrie, le commerce et la morale de ce peuple malheureux, et ses péripéties funestes ont laissé dans son sein des plaies profondes et difficiles à guérir. Comment en effet cicatriser ces membres dont la chair est déjà rongée par la carie du temps? Espérons donc qu'après tant de leçons nous saurons nous contenter des fruits de cette terre riante qui, de tout temps, a non-seulement suffi aux besoins de ses habitants, mais encore a fourni aux autres nations une multitude d'objets d'agrément et d'utilité. Le terrain n'a point changé; qu'on le cultive et l'on vivra dans l'abondance.

Le souverain s'étant assis sur le trône des

anciens rois de Naples, tous dépendaient d'un signe de sa volonté. Les uns, en rappelant à leur esprit les massacres affreux qui, en 99, firent ruisseler dans cette vaste capitale le sang de ses habitants, tremblaient à la seule idée que des scènes pareilles pouvaient se renouveler; mais il n'en fut pas ainsi et, par la conduite du roi en 1815, on vit plus clair que le jour quel pouvoir avaient exercé dans le gouvernement, en 99, Nelson et l'influence féminine. Les *speranzuoli* assiégeaient les bureaux des copistes nombreux dans cette ville où plusieurs sont ambulants. La douceur du climat y est telle, que sur la place du château et derrière l'office de la poste, siége chaque jour une foule de ces êtres qui, assis derrière leurs tables, gagnent leur vie en copiant. A Naples, l'on peut vivre à très-bas prix; là l'écu divisé en 120 sous, a une très-grande-valeur; tout ce qui est nécessaire à la vie s'y achète presque pour rien.

Des centaines de mémoires furent rédigés,

et, aux jours d'audience, la salle où s'élevait le trône se remplissait comme un œuf. On était étonné de voir sortir du palais une multitude de monde de tous les sexes, de tous les âges, de toutes les conditions. Quelle fut la surprise des habitants lorsqu'on entendit dans la ville les premières réponses du roi faites à ceux qui, l'ayant attendu pendant dix ans, réclamaient la récompense de leurs privations et de leur fidélité. « Vous avez eu tort, leur dit-il, vous deviez servir comme on fait les autres; le gouvernement fut conquis; mais régulier; avouez plutôt que vous avez voulu ménager votre estomac pour les figues. Vous êtes accoutumés à passer vos jours dans les garnisons, et avec les français il fallait vous battre. Ce que vous aviez avant mon départ de Naples je vous le confirme; mais n'attendez pas d'autres récompenses. » Ces paroles se répétaient non-seulement sur la place, mais se reproduisaient encore dans les audiences royales. Aux employés administratifs l'on disait : « Vous n'avez pas servi faute de talents ; dans l'espace de dix ans vous aviez le temps de songer à vos affaires; si donc vous ne l'avez pas fait, c'est votre faute; si vous avez des mérites et des titres, présentez-vous au ministre; c'est lui qui doit décider de votre sort. »

Ces accueils justes, mais inattendus aigrirent singulièrement contre nous ces sujets très-fidèles; c'est pourquoi ils commencèrent à déclamer contre nous avec fureur, et ils disaient publiquement que le roi s'était déclaré en faveur des muratistes (nom inventé par nos adversaires), afin de déverser le mépris du peuple sur les hommes d'honneur qui, en servant l'état, avaient parcouru noblement leur carrière. De fait, ce changement dans la conduite du roi fut un prodige, et mon père ne pouvait revenir de son étonnement en rappelant à sa mémoire les désastres qui avaient suivi 1799 : il est bien vrai, me disait-il, que les temps changent; mais je vois que la politique des gouvernements varie encore avec eux. S. M. est bien conseillée et sa famille ne renferme point d'être hétérogènes. Voilà la cause de ceci : se propageant avec énergie et sagesse, ce nouveau système fit que tous les officiers isolés, et nous n'étions pas en petit nombre, furent réunis dans un dépôt commandé par un lieutenant-général, et l'on choisit adroitement pour notre sejour les îles de Capri, d'Ischia et de Procida. Chacun se rendit à sa nouvelle destination. Dès que les allemands furent installés à Naples, le roi accueillit très-bien les généraux qui avaient servi Murat. Carascosa reçut des compliments flatteurs du général Bianchi, qui, la première fois qu'ils se rencontrèrent, lui dit : « Vous m'avez disputé la victoire à chaque pas ; je sais apprécier votre fermeté et l'art que vous avez montré dans cette rencontre. » S. M. en fut contente et, dans l'espoir d'avoir une armée, elle se déclara en notre faveur. Il ne savait pas que l'intérêt et l'ambition avaient seuls présidé aux mouvements de ce général et non point l'amour de la patrie, ni les devoirs qu'un soldat d'honneur est fier d'accomplir. L'armée commença à s'organiser avec la plus grande célérité. Carascosa aurait voulu être ministre de la guerre; mais le général F... et les autres émules et collègues entravaient l'exécution de ses projets. Les dissensions qui régnaient entre eux firent naître des soupçons dans l'esprit du roi, qui, s'étant vu trahi tant de fois, mesurait tous ses pas. Le chevalier de Médicis, attaché au ministère de Vienne, sut engager le souverain à faire venir de l'Allemagne l'organisateur de son armée. Le comte Nugent, général au service de l'Autriche, fut élu capitaine-général : sous ce nouveau nom il était à la fois ministre de la guerre et commandant en chef de l'armée. Alors la division cessa parmi nos généraux, qui s'unirent pour agir en sens contraire aux vues du gouvernement. Carascosa fut élu inspecteur-général sous les ordres de Nugent.

Cette dépendance le tourmentait. Il jouissait de l'estime des officiers; il prit donc le parti de tirer sa barque à la remorque en dissimulant sa colère : ses collègues l'observaient et approuvaient hautement tout ce qu'il disait, remettant au temps la réalisation de leurs secrètes entreprises.

De Medicis, grand financier aux yeux de la renommée, mais homme superficiel et capricieux, soutenait, au sein du conseil d'Etat, que l'armée napolitaine était onéreuse en temps de paix et ignominieuse en temps de guerre. Ces propositions furent divulguées et multiplièrent le nombre des mécontents. Les *carbonari* travaillaient secrètement dans les diverses provinces du royaume et même parmi les militaires. De Médicis, ancien républicain et ennemi occulte de la famille royale, assurait le roi que tout était tranquille. D'où vient qu'arrivé au pinacle de la grandeur, il a si indignement agi dans cette conjoncture? C'est là un problème que l'histoire n'a pu résoudre encore.

En somme il fut traitre au roi, à la nation et aux intérêts de l'état. Arrivé à Naples avec le roi Ferdinand, de pauvre qu'il était, il devint en peu d'années possesseur de plusieurs millions : il est donc clair qu'il lâchait la bride aux factieux pour perdre et le royaume et le souverain. On ne pouvait attendre des allemands que des institutions à leur manière : pourquoi donc tromper ce cabinet et accélérer la ruine de sa patrie ? Ne fallait-il pas avoir un cœur de serpent pour être capable de si indignes procédés. C'est à l'inconséquence et à l'avidité de ces hommes que les napolitains doivent les malheurs des temps passés. Toujours les souverains de Naples furent victimes de ces infâmes astuces : n'ouvriront-ils point les yeux une fois ? Ferdinand connaissait le caractère de Médicis ; mais il appréciait son habileté, et, l'ayant élevé à ce point de grandeur, il le croyait capable de reconnaissance. L'histoire a démontré que celui que la soif de l'or entraîne à des actes qui démentent ses opinions sera toujours un traitre.

Cependant Nugent voulait se faire honneur : du dépôt de Capri nous étions allés stationner dans la ligne de la principauté ultérieure, et peu à peu nous fûmes incorporés, par rang d'ancienneté, aux nouveaux régiments. Les plus jeunes d'entre les capitaines furent envoyés dans les provinces avec le grade d'adjudant-major des milices. Tel fut aussi mon sort, et je le saisis avec bonheur parce qu'il me débarrassait de ces traitres, dont j'ai déjà parlé, et me donnait le temps de prendre un parti, en faisant de sérieuses réflexions sur les affaires du jour. Jeune encore je m'aperçus que rien n'était stable, malgré le changement total des intentions du souverain, et cela en conséquence de cet amour frénétique de la nouveauté qui ruina toujours les projets des italiens. Les napolitains veulent à tout prix la révolution sans en prévoir jamais les funestes conséquences. Nugent proposa au roi un camp d'instruction pour réunir l'armée sur un seul point, connaître les membres qui la composaient et les exercer en même temps. On accepta le plan et on choisit pour point de réunion les champs de Sessa. Les sectaires agissaient toujours et allaient se multipliant, surtout dans l'armée, où du colonel au caporal et même au simple soldat tout faisait partie de la confraternité. L'année 1819 je passais une vie oiseuse dans la société des quelques littérateurs de ce chef-lieu, méditant sur la ruine prochaine de l'ordre public. Dans cet état de choses mon père meurt : cette terrible nouvelle me frappa comme un coup de foudre. Mais je ne prévoyais pas les conséquences que cette perte devait entraîner sur ma famille et sur moi. Dans les petits royaumes, et surtout dans celui de Naples si sujet à de fréquentes mutations, il n'y a point d'institutions durables; tout y dépend de l'influence du ministre et de la volonté du souverain : c'est pour cette raison que l'intrigue et la fourberie s'y élèvent souvent sur les ruines du mérite et de la loyauté. Pour s'y avancer, il faut un puissant intercesseur : je l'avais dans la personne de mon père ; je le perdis, et dès-lors tout fut perdu pour moi. Aveugles que nous sommes, nous ne savons apprécier nos amis et nos bienfaiteurs qu'après que l'éloignement ou la mort nous les a ravis ! De Médicis avait été la cause innocente de la mort de mon père bien-aimé ; car il l'avait comblé d'honneurs durant sa vie ; et parmi les causes qui ouvrirent sa tombe fut surtout la charge de l'inspection fiscale de St-Giacomo, où se trouvént actuellement réunies toutes les administrations du royaume. Le zèle de ce vieux gentilhomme fut enseveli avec lui parmi les ruines de ce vaste édifice, dans lequel il avait bâti une maison pour sa famille, après avoir été nommé, en récompense de ses services, gouverneur de cette place royale.

Je quittai la province et revins à Naples

pour y vaquer à mes affaires domestiques. J'assistai à l'ouverture du testamment et remplaçai mon père dans ses fonctions. Je me présentai au chevalier de Médicis pour le remercier de l'intérêt qu'il avait témoigné à ma famille, surtout après la mort de mon père. Je fus très-bien accueilli par cet homme à la finesse du renard. Déjà il avait disposé de l'emploi qu'avait occupé mon père. Il me fit force compliments, et j'obtins seulement de lui qu'il me présentât au capitaine-général organisateur de l'armée. Tous les matins Nugent allait le consulter au palais, où sa dialectique donnait l'impulsion à la machine de l'état : les autres ministres étaient ses créatures ; pour cela ils n'osaient le contredire. Cependant on faisait les préparatifs pour le campement de Sessa, pays peu éloigné du fleuve Garigliano. Des milices provinciales je passai dans un régiment d'infanterie légère ; ce nouveau genre de service me paraissait pénible ; car je le trouvais tout machinal ; mais l'espérance était vivace encore au fond de mon cœur; car le concours était décrété pour les chefs de bataillon, et dans le métier des armes le grade est préférable à tous les autres avantages.

Un certain N..., curé de campagne et cousin de ma mère, fut compris, grâces à la faveur de Médicis, dans la nomination des évêques aux siéges vacants. Ma mère, femme vertueuse et dévote, faisait feu et flammes afin que je m'occupasse de son parent : de fait il en avait grand besoin. Pour la satisfaire, je me rendis à Cervinara, petite ville dans la terre de Labour, royaume de Naples, afin d'y visiter le nouveau prélat qui m'avait connu enfant. J'arrive au palais fièrement affublé d'un grand manteau et couvert d'un pompeux bonnet à la hussarde. Une procession de prêtre se présenta à la porte, précédés de *Son Exc. Révérendissime*, et, au moment où je descendis de voiture, il m'ouvrit ses bras en me disant : « Ah! comme vous avez grandi! » Nous entrons dans le palais et, à l'instant, s'organisa un babil assez sot, d'après lequel je compris que le nouveau pasteur avait été pris dans les filets que lui avait tendus la secrète jalousie de ses rivaux. Les prêtres de l'endroit, qui, connaissant son avarice, l'avaient déterminé à refuser sa nouvelle dignité, par la raison que les frais de la consécration étant immenses, ils auraient épuisé son coffre fort. J'écartai les satrapes de lui et, pour empêcher l'effet de leurs perfides conseils, je tirai mon cousin à part, et, quand nous fûmes seuls, je lui parlai comme je devais; je le secouai de sa léthargie et il résolut de quitter avec moi son pays le lendemain matin. De bonne heure nous montons en voiture et nous nous dirigeons vers Naples. Chemin faisant j'en étudiai le caractère; je le trouvai extrêmement circonspect, mais peu érudit. La joie de ma mère en nous voyant fut inexprimable; elle ne parlait que de Monseigneur; elle s'efforçait de prévenir tous les désirs de Monseigneur; en un mot, tous vivaient pour Monseigneur. Je songeais à l'anecdote de la veille, et je compris d'abord que le bon curé n'avait ni ce tact, ni ces manières qui gagnent le respect et l'estime du peuple.

Je dis un jour à ma mère : « S'il va seul à Rome, comment s'en tirera-t-il au milieu de ce clergé instruit et clairvoyant ? Je crains pour lui un grand désappointement. » — « Non, non, me répondit-elle, je sais qu'en théologie Monseigneur est très-savant, et le cardinal de Benevento en a fait, sous ce rapport, le plus pompeux éloge ; sans cela il n'aurait pu être élu. » — C'est bien, mais son poste exige d'autres qualités, lui répondis-je.

Malgré sa raideur, le prélat fut très-prévenant à mon égard ; il me témoiga de la reconnaissance et le désir d'aller à Rome avec moi. La proposition me plut ; car elle me procurait une diversion, après treize mois de séjour dans la province. — « Je dois aller au camp d'instruction, lui dis-je. » — « C'est temps de paix, répliqua-t-il ; le ministre cédera à mes prières, et, s'il le faut, j'en parlerai au roi. » — Parbleu, m'écriai-je, vous en savez long, et moi je vous croyais novice encore ! — « Eh ! mon cher cousin, l'apparence trompe, reprit en marmottant Monseigneur ; je suis confesseur, et en cette qualité je connais le cœur humain. » — Je vis alors que, si le prélat n'avait pas le don de la parole, il ne manquait pas de bon sens et de philosophie. C'est pourquoi, sans discuter davantage sur le projet du départ, nous allâmes directement chez S. E. le grand juge, ministre des affaires ecclésiastiques, le marquis Thomasi, homme plein de science et d'urbanité ; il nous accueillit parfaitement, et voyant que Monseigneur n'était pas éloquent, il mettait à contribution sa rhétorique bien connue afin de l'encourager. Monseigneur témoigna qu'il était pauvre et demanda de l'argent pour subvenir aux frais immenses de la consécration ; il traita de son mieux ce grand point et ajouta : « J'espère qu'il sera permis au capitaine de m'accompagner à Rome. Je sais qu'il y a déjà été plusieurs fois et qu'il est très-connu du pontife. Je serais perdu si je devais entreprendre seul un tel voyage. » — « C'est facile, répliqua le ministre; je lui obtiendrai la permission du roi. » — Et mes appointements? — « Il vous seront payés. » — Il dit, et nous prîmes congé de l'aimable ministre. Mes frères d'armes se préparaient pour le camp d'instruction, et je faisais fabriquer ma toilette pour aller comparaître au sein du faste de la cour papale. Nous parcourons la ville cherchant les objets nécessaires pour compléter le nouveau costume de mon cousin. Il était bien fait, chaste et dans la fleur de ses années : de fait, celui qui a trente-trois ans et n'a pas couru le grand monde, ne peut manquer d'avoir une santé florissante. Les ordres de la secrétairerie des affaires ecclésiastiques et du ministère de la guerre étant arrivés, on nomma un procureur-général pour nos affaires à Rome. Le choix tomba sur

M. B..., homme adroit et souple; il répondit sans délai à l'invitation, en acceptant la nouvelle charge, et nous prévint que deux appartements avaient été choisis pour nous vers la porte du peuple au couvent des Augustins déchaussés, et que nous y serions reçus avec tous les égards dus à l'épiscopat. J'avais reçu ma part du reste des deniers qui me revenaient de l'héritage paternel, et afin de pourvoir à mon indépendance, je pris à Naples une lettre de créance sur la maison T...

Nous fîmes notre voyage à petites journées le service des diligences entre Naples et Rome n'étant pas encore organisé. Arrivés à la métropole du catholicisme nous nous rendîmes au couvent où les religieux nous accueillirent avec civilité; mais ils furent étonnés de voir un évêque accompagné d'un militaire qui servait à la fois de chapelain et de chevalier de compagnie.

Instruit de notre arrivée, M. B... courut au couvent : nous étions à table; splendide était le repas. Un laquais en riche livrée nous annonça le procureur qui, entrant incontinent, commença à pérorer, offrant force services et faisant mille honneurs. Monseigneur approuvait tont; mais il eut l'imprudence de se plaindre du dîner, disant qu'il n'était pas accoutumé à un luxe pareil et qu'il préférait à tous ces ragouts la simplicité d'une nourriture ordinaire et frugale. A ces mots le subtil avocat n'eut pas de peine à juger de la gentillesse du nouveau prélat; il répondit froidement : « Monseigneur commandera demain ce qu'il désire; » et se tournant vers moi, il me demanda si j'étais content. — Souverainement, repliquai-je; et tant que je resterai au couvent, ordonnez que le service pour moi soit toujours le même. La lettre de créance ouverte et le ton avec lequel je lui parlai lui firent entendre aussitôt que, dans cette musique, le maître de chapelle c'était moi. En conséquence, il recommanda aux religieux de chercher à contenter Monseigneur et de me regarder comme le premier acteur de la comédie. Le jour suivant étant un vendredi, le supérieur me demanda si je faisais maigre. Certainement, répondis-je, et, quant à moi, faites selon votre coutume; Monseigneur vous dira ce qui lui agrée. Il se rendit alors chez l'évêque pour lui souhaiter le bon jour; et lorsqu'il fut question du dîner, plus tard, je tombai des nues en l'entendant témoigner qu'il aurait aimé un hareng et des brocoli avec de l'huile.

Je monte en voiture et me rends à Saint-Pierre, monument que je ne pouvais me lasser de visiter chaque fois que j'allais à Rome. On songea à donner un chapelain à Monseigneur. J'en accélérai le choix afin de m'exempter d'accompagner sans cesse un aveugle, qui commençait à me fatiguer avec ses petitesses et son indicible avarice.

A l'heure du dîner je me restaurai sans façons; la table fut aussi somptueuse que la veille; mais l'évêque ne mangeait pas. Je lui demandai pourquoi, voulant jeûner, il s'était mis à table, et les supérieurs qui nous faisaient compagnie me dirent : « A l'instant arrivera ce que Monseigneur a commandé. » En effet, quelques minutes après arrivent les *brocoli strascinati*, deux gros harengs et de la morue blanchie à l'eau. Je vis avec étonnement le toupet du prélat qui commença à dévorer les *brocoli ;* et moi, sans faire attention à sa balourdise, je causais avec ces savants religieux qui entamèrent un entretien des plus profonds et capable de mettre dans tout son jour l'ineptie du prélat. Je fis mon possible pour détourner l'assaut, et je laisse à juger quelle fut ma position, lorsque l'un d'eux dit en souriant : « Il paraît que le roi de Naples s'est trompé dans son choix ; nous aurions nommé Monseigneur capitaine, et le capitaine évêque ; car Monseigneur est robuste et frais, et toute nourriture lui convient. Monsieur, il est certain que votre respectable parent est doué d'un estomac de fer. » Ces paroles furent prononcées avec beaucoup de grâce ;

mais je compris toute la force de cette poignante satyre. Après le dîner je rentrai dans mes appartements et me disputai fortement avec mon gentil cousin et lui dis: Si vous m'avez conduit à Rome pour me faire fustiger par ces religieux, vous vous trompez fort; votre avarice me déplait beaucoup; pour cette raison, d'abord, je prendrai mon logement ailleurs, et en outre parce qu'ici je ne puis pas faire le soir ce que je veux; c'est temps de carnaval et non de pénitence pour moi; vous devez vous réconcilier avec le Seigneur pour vous préparer à votre examen; quant à la consécration, vous accompagner dans cette cérémonie n'est pas de ma compétence; nous nous verrons tous les jours, mais je ne veux pas renoncer à ma liberté absolue. — « Tu feras ce qui te plaira, me répondit-il, mais songe à ne pas me délaisser complètement; car ce M. B... me fait peur. » — A cela j'y penserai; M. B... a bien compris qu'il a à faire avec moi; loin de vous ces grimaces;

mon désir et que vous fassiez bonne mine; il s'agit ici d'oublier les minuties du village; souvenez-vous que nous sommes à Rome où l'on pèse toutes vos paroles et jusqu'à vos moindres gestes. Si donc vous ne voulez pas vous faire vilipender, ne prenez aucune résolution sans m'en prévenir; sinon je m'en lave les mains.

A quatre heures après midi arrive le procureur; je lui manifeste aussitôt le désir de changer de domicile et le prie de m'en chercher un. Il m'offre sa maison. J'accepte en me proposant de payer généreusement la peine que je lui donnais.

On parla ensuite des bulles, de la daterie et de l'arrivée du chapelain, et Monseigneur lui dit : « Pour ce qui concerne les affaires d'intérêts, Monsieur pourra s'aboucher avec mon cousin. En ce moment j'ai bien d'autres soucis. »

Jamais je n'ai passé plus gaîment les heures du dîner que dans la compagnie de ces religieux, qui furent comme blessés en apprenant que je délogeais; mais je les assurai que souvent j'irais dîner chez eux. Dans la matinée suivante j'attendis M. B... qui vint à point nommé, et après avoir causé un instant avec Monseigneur, je prends congé de lui et me rends à mon nouveau domicile. Vaste et élégante était cette habitation; mais ce qui charmait le plus mes regards, c'étaient les belles demoiselles que je rencontrais sur mon passage en montant dans l'appartement qui communiquait avec le reste de la maison et avait une issue particulière, en sorte qu'il m'était facile d'entrer et sortir au gré de mes désirs, sans incommoder la famille de mon hôte. Son épouse était une jeune dame très-gracieuse. Parbleu, me disai-je, quel grand passage! du silence monotone du cloître je me vois transporté, comme en songe, sur les hauteurs du Parnasse; pourvu toutefois que ces demoiselles, que j'ai rencontrées, soient aussi galantes que belles. Et certes, elles le furent on ne peut mieux.

Jamais dans tout le cours de mes longs voyages je n'ai rencontré tant de gentillesse et d'urbanité.

Je dînais et soupais en famille, et j'étais servi par un chœur brillant de *donzelle* qui s'empressaient à l'envi de prévenir tous mes désirs : celle-ci m'apportait le café, celle-là le chocolat, une autre m'attendait le soir après le spectacle. Ce carnaval fut pour moi l'idéal du bonheur. J'étais servi comme un pacha ; Madame B... me confondait avec ses ineffables politesses, et les sauts des aimables bacchantes qui composaient sa cour me divertissaient singulièrement. Qui ne sait que Cupidon vêtu en soldat alarme les dames et les fait capituler sur le champ ?

Les cérémonies sacrées de l'examen et celles de la consécration s'approchaient, et Monseigneur, par suite de cette timidité naturelle aux hommes qui manquent d'expérience, était sans cesse concentré en lui-même; mais le rusé chapelain avait déjà sondé le mérite du prélat, en fait de théologie, et il prophétisa que cet homme allait briller comme un soleil dans son examen. Il s'agissait d'honneur, j'en fus fier et je redoublai mes visites au couvent.

Nous fûmes un jour introduits chez le pape Pie VII, qui nous reçut confidentiellement dans son cabinet et se montra à tous deux rempli d'affabilité. L'évêque lui manifesta la reconnaissance qu'il avait vouée à ma famille, ajoutant que j'étais le fils de son bienfaiteur, et qu'à l'aide de mon crédit j'avais su remplacer auprès de lui mon père défunt. Emu par ces paroles le vertueux pontife lui dit : « Vous devez aussi beaucoup aux bons offices du cardinal de Bénévento. Nous penserons à récompenser le capitaine. » Et se tournant vers moi : « Quel est cet ordre ? me dit-il. » — Sainteté, c'est l'ordre militaire de Naples. — « Eh bien, que désirez-vous ? » — La rémission de mes péchés, si votre Sainteté m'en juge digne. — A quoi le pontife répondit en souriant : « Pour vous autres militaires il faut d'autres choses. Demandez un ordre chevaleresque, et il vous sera aussitôt accordé. » Dans cet humble aveu l'évêque avait son but : celui de s'acquitter envers moi comme on le verra dans la suite. Le tartufe !

Nous retournons chez le pontife avec la requête qu'il eut la bonté d'apostiller devant nous en ces termes : « Adressée au cardinal Consalvi, afin qu'il lui expédie son brevet. » Je crus aux témoignages simulés d'affection de mon cousin et à la clémence du Saint Père, sans y soupçonner rien de sinistre. Et qui jamais aurait pu s'imaginer qu'après tant de dépenses faites par ma famille et spécialement par moi, le misérable aurait eu l'impudence de me dire, au moment où il fut question de nous rembourser: « Je ne dois rien à personne... Si j'ai été nommé évêque je le dois à ma probité et à mes talents. » Telle fut la récompense que la mère et le fils reçurent de ce digne personnage à son retour de Rome.

Simile a se la terra,
Gli abitator produce.

Nous aimons à dire un mot des fêtes et des courses bacchanales auxquelles j'assistai dans cette circonstance. Nombreuses furent les invitations dont nous honorèrent les cardinaux, après la consécration de cinq évêques napolitains, parmi lesquels se trouvait un certain Monseigneur Boticelli, homme plein d'adresse, de science et d'urbanité, qui me répétait sans cesse : « Votre cousin s'est bien montré à l'examen; mais je ne sais trop comment il réussira dans l'administration de son troupeau. Il me paraît être un homme extrêmement avare et entêté. »

Invité à dîner par les Eminentissimes Pacca et Litta, et de la Somaglia, alors secrétaire-d'état, je me présentai à eux en habit noir et je m'efforçais, autant qu'il était en moi, de colorier et atténuer tout ce qu'il y avait d'émanations brutes et rudes dans les paroles et les manières du nouveau prélat. Chaque jour je m'en allais en voiture visiter les monuments anciens et modernes, qui font la splendeur de l'antique siége de l'empire romain ; et tout cela pour la gloire des pontifes.

Le tintamarre qui se faisait alors dans les théâtres de Rome me surprit. Là les pauvres artistes dramatiques sont presque toujours victimes des partis et de la jalousie. Les huit derniers jours de carnaval s'approchaient : jours mémorables pour un étranger ; car telle est alors la gaîté des Romains, que cette vaste capitale, ordinairement déserte et sans vie, devient peuplée, animée, et présente aux regards une étonnante variété qui se reproduit sous mille formes bizarres, depuis 3 heures après midi jusqu'à minuit. Ainsi, dans la résidence du chef de la chrétienté, les bacchanales durent 72 heures, qui suffisent aux citadins pour rompre la monotonie de ce séjour, monotonie d'autant plus frappante, que cette cité ne renferme qu'une population bien faible en proportion de son immense étendue. La fête appelée des *Moccoletti* (lumignons) est chose unique au monde et digne d'attirer sur elle tout œil observateur. Les magasins sont magnifiquement illuminés, même à l'extérieur. Les dames de la ville, et plusieurs d'entre elles déguisées, s'en vont à la promenade en voiture, tenant en main de petits chandeliers à deux ou trois branches portant autant de cierges allumés. La grande rue est encombrée d'une lave de peuple qui permet à peine aux voitures de circuler, et si elle n'était ornée de trottoirs, ce tumulte serait meurtrier pour bien des gens et enfanterait des rixes continuelles : le beau de l'affaire est qu'au sein de cette mêlée, les gendarmes ont l'œil à tout pour prévenir toute éventualité malheureuse. Les hurlements, les sifflements, les claquements de mains et la liberté des masques, parmi lesquels plusieurs montaient sur les marchepieds des voitures, se prenaient à causer avec les dames de leur connaissance et lançaient des plaisanteries aux autres : tout cela forme un magnifique contraste, récrée l'étranger et le divertit singulièrement. J'avoue que j'ignorais cet usage, et je me tenais sur mes gardes ; car, malgré la vigilante activité de la police, ils y sont nombreux alors les escamoteurs de montres et de goussets. Ce qu'il y a surtout de curieux, c'est qu'au son de la cloche, qui annonce minuit, chacun rentre précipitamment dans ses foyers ; dès-lors tout est silence, tristesse, componction, et l'étranger témoin des orgies de la veille, ne peut le lendemain revenir de sa stupeur, en présence du calme et du repos qui succèdent avec tant de rapidé au vacarme du jour précédent. Le joug de la tyrannie abasourdit les peuples et leur fait prendre, comme par l'effet d'une impulsion magique, et au gré des divers signes de la volonté du maître qui les tient dans les fers, un extérieur de joie ou de tristesse, d'espoir ou de crainte, d'amour ou de haine.

Monseigneur ayant terminé ses affaires et

fait les visites de convenance, nous songeâmes à repartir. M. B... paya toutes les bulles et nous présenta la note des dépenses que je trouvai très-raisonnable; aussi j'eus soin de la satifaire; mais ce qui m'émut profondément fut l'hospitalité désintéressée qu'il m'avait offerte et dont je profitai durant quarante jours. Pour tant de biens il me fut impossible de lui faire accepter une obole : il n'était donc pas tel qu'on se l'imaginait. Ce qu'il y a de certain, c'est que la maladie de la langue est épidémique chez les Romains, et malheur à celui qu'atteint ce fouet impitoyable. Ces langues bipèdes ne respectent ni princes, ni cardinaux, ni pape : leur mordacité a remplacé la bravoure, les victoires et les triomphes des maîtres du monde. Nous reprîmes, à petites journées, la route de Naples, nous attendant à chaque pas à nous voir assaillis par ces bandes de brigands qui infectaient alors les environs de Terracine. J'ai déjà fait entendre quelle fut la reconnaissance du prélat, et je ne veux pas lasser la patience du lecteur en m'étendant davantage sur un sujet que j'ai traité plutôt afin de parler des affaires de Rome, que pour dessiner un curé de campagne qui, oubliant la sublimité de sa vocation pour plier sous le joug d'un sordide intérêt, est d'autant plus vil qu'il devrait être plus élevé. Le choléra, en entassant des victimes humaines, l'engloutit aussi dans ses profonds abîmes, et délivra ainsi le diocèse de sa funeste influence.

Les troupes Napolitaines s'étaient déjà rendues au camp de Sessa, j'allai sans délai rejoindre le régiment. J'y dressai ma tente et pris le poste qui m'était assigné. Parfois, dans le courant de la semaine, on manœuvrait; Carascosa, avec son état-major, était logé dans un village, et une gogaille n'attendait pas l'autre. Chaque jour un certain nombre d'officiers assistaient alternativement au dîner du général. Mon tour arrive; j'hésite un moment en pensant à mes péripéties d'Ancône; mais je m'armai de courage en me disant : « Il s'en souviendra, et sur lui retombera la honte. » A l'heure fixée je me rends au quartier général où Carascosa discourait au milieu d'un groupe d'officiers supérieurs. Il ne m'avait vu qu'une fois dans les salles du ministère de la guerre au moment où je fus nommé lieutenant des canonniers de marine. A peine m'eut-il aperçu qu'il s'approcha de moi en me disant : « Il paraît que vous revenez d'un voyage? — » V. E. le sait peut-être? — C'est vrai, le ministre de la guerre m'a donné connaissance de votre permission. — Il me demanda si j'avais vu mon nouveau colonel, et je lui répondis : « Il est bien différent d'un certain autre. » « J'entends, me dit-il, Mascioletti est une belle âme. » En disant ces mots il se retira. Nous fûmes trente convives de tous les grades à commencer par le sous-lieutenant. Je fus placé à la gauche du général. : la conversation, durant la table, roula sur des sujets plus galants que guerriers. Au dessert, on servit le champagne; la liqueur généreuse nous jeta sur le terrain de la politique, on en parla, mais mystérieusement; je pris aussi la parole et réduisis au silence plusieurs de mes camarades: Le lieutenant-colonel Vial appuya mes paroles; Carascosa qui ne partageait pas nos opinions en fut mécontent, se leva de table et termina ainsi toute discussion. Les officiers de mon grade, contents des idées que je venais d'émettre, me firent force politesses, et m'accompagnèrent jusque dans ma tente.

S. M. arrive au camp avec le capitaine-général; il faisait beau voir cet homme déjà avancé en âge montant à cheval avec l'agilité d'un cavalier de vingt ans. Son costume était celui-là même qui l'accompagna jusqu'au tombeau; plusieurs peintres ayant fait son portrait, je m'abstiendrai de le décrire. Le souverain parut content de l'état de l'armée et la propension qu'il avait déjà manifestée pour les troupes allait toujours croissant, mais il était loin d'entrevoir le feu qui couvait sous la cendre. En un mot le camp de Sessa fut le point de réunion des militaires Carbonari, c'est là qu'ils résolurent entre eux de renverser le trône pour se défaire de Nugent et de ce roi qui, en reconnaissant le traité, avait donné des preuves éclatantes de générosité et de bonne foi. Qui força le roi Ferdinand, après la capitulation de Casalanza, à se déclarer en notre faveur ? Il pouvait nous conserver et nous tenir sous bonne garde ; mais ce calculateur expérimenté avait pesé le mérite des partisans de Murat et l'avait trouvé supérieur à celui des chevaux de parade qui l'avaient suivi en Sicile et dont il faisait peu de cas ; sa prédilection était donc glorieuse pour ceux qui en étaient l'objet et, à ce titre sacré, les chefs de l'armée, plutôt que de se mettre à la tête de la révolution, n'auraient-ils pas dû, par reconnaissance et par amour pour la patrie, ne pas trahir la cause d'un souverain qui leur avait donné des marques de son estime et de sa clémence ? Mais les factieux ne transigent pas; leur but est le renversement de l'ordre social. Follement idolâtres de ces vieilles théories politiques, ils voudraient singer les hauts faits des premiers Romains qui, plus rapprochés que nous de la nature, en suivaient l'impulsion et présentèrent ainsi au monde étonné le spectacle d'un mélange monstrueux d'héroïques vertus et de vices affreux; de là ces victoires, ces triomphes, ces lois, ces institutions grandioses qui feront, dans tous les âges, l'admiration de l'univers. L'égoïsme alors et une civilisation mal entendue n'avaient pas encore corrompu les mœurs des peuples, tandis qu'aujourd'hui l'on court en aveugles après la mode et les exemples des autres nations sans comprendre que ce qui convient aux Français ne convient pas de même aux Italiens, et que ce qui est en harmonie avec les besoins de la mobile France, ne l'est pas avec ceux de la tranquille Allemagne. Le moule de la politique doit être adapté toujours au caractère, aux mœurs, aux usages, aux besoins d'un peuple; je dirais même, à la nature de son sol et de son atmosphère. C'est ainsi que, par la nature de son climat et par les morcellements auxquels elle fut sujette depuis la chûte de l'empire Romain, l'Italie a des besoins tout-à-fait différents de ceux des autres nations.

Aux temps de l'antique Rome, les Gaulois étaient barbares, les Germains l'étaient presque plus encore; aujourd'hui ces peuples se sont avancés à pas de géants dans les voies du progrès et de la civilisation et présentent ainsi d'insurmontables barrières à quiconque voudrait tenter un envahissement de leur territoire. De même que le genre de vie de l'humanité se modifie selon les saisons, ainsi la politique varie selon les différentes phases de la vie des peuples. Les familles particulières n'ont pas un instant de bonheur si la modération, l'union et la concorde ne président à toutes leurs opérations; ainsi les peuples qui ne sont que de grandes familles, ne peuvent prospérer si la division déchire leur sein : *Concordiâ minimæ res cressunt, discordiâ maximæ dilabuntur* a dit l'historien philosophe. Fasse le ciel que les Italiens puissent comprendre une bonne fois cette grande maxime démontrée par l'expérience de tous les siècles. Le but des réformateurs modernes aurait dû être le bien de la patrie et leur moyen l'union qui seule peut opposer la force à la force. Voilà sur quoi devraient rouler surtout les projets d'amélioration d'un état. Mais où m'égarai-je?

Que pouvait-on attendre de cette grande tragédie italique si tous ceux qui y jouèrent leur rôle, dominés par le fanatisme, oublièrent ce par où il fallait commencer, je veux dire, l'éducation et la science. Car, au dire d'un magistrat grand politique et orateur distingué, l'instruction qui communique à l'homme l'ensemble des connaissances humaines, forme ce qu'on appelle les classes éclairées d'une nation. Or, si les classes éclairées ne sont pas la nation, elles la caractérisent. Leurs vices, leurs qualités, leurs penchants bons et mauvais, sont bientôt ceux de la nation tout entière : elles sont le peuple lui-même par la propagation de leurs idées et de leurs sentiments. Ainsi, quoiqu'en ait dit le sophiste de Genève, il est naturel que les progrès d'un peuple soient en raison directe de l'instruction des membres qui le composent. Espérons qu'ils seront enfin revenus de leurs erreurs et auront compris à leurs dépens ce que j'ai énoncé plus haut, qu'il faut peser ses propres moyens et les ressources de la patrie plutôt que de compter sur les promesses mensongères des nations qui, habitant un pays trop étroit pour leurs immenses populations, un pays incapable, malgré sa fertilité, de suffire à tant d'êtres, ont besoin de répandre autour d'elles cette surabondance de vie, et flattent pour y parvenir les passions novatrices de ces peuples qui, ne connaissant pas les nombreux éléments de félicité qu'ils ont dans leur sein, s'en vont prêtant l'oreille à des sollicitations astucieusement calculées. Funestes illusions! promesses trompeuses dont le temps a dévoilé tout le néant. Q'on regarde les Français : après avoir parcouru l'Europe à la tête de leurs phalanges triomphantes, qu'ont-ils fait? Ils se sont retranchés de nouveau dans les limites de leur territoire, regardant avec indifférence les peuples vaincus, *regardant avec une froide indifférence les peuples vaincus*, et faisant progresser parmi eux avec une étonnante rapidité les sciences, les beaux arts, l'industrie et le commerce. L'entrée des alliés à Paris ouvrit les yeux aux gouvernants et aux gouvernés, et ils ont ceint de forts et d'inabordables retranchements cette immense capitale afin de prévenir désormais toute agression étrangère. Cette conduite, ils la devaient et aux principes qu'ils avaient adoptés et à la haine qui presque toujours anime le vaincu contre le vainqueur. Nos barrières et nos retranchements à nous ont été fabriqués des mains de la nature : pour les défendre, il suffirait de le vouloir. Et certes, les princes d'Italie y ont tous le même intérêt. Si donc ils savaient lier leur sort à celui de leurs peuples, ils n'auraient nul besoin de solder des secours exotiques. L'influence étrangère est toujours nuisible. Mais tant que la division règnera entre les divers états de la péninsule, un puissant protecteur ne pourrait que lui être utile, s'il en était de nos jours qu'animaient le désintéressement et la bonne foi. Mais l'histoire n'a que trop démontré jusqu'ici que la plupart de ces potentats revêtus du nom de protecteurs ne sont que les exploiteurs de leurs protégés.

Reprenons notre récit : S. M. parcourait chaque jour le camp, et son coup d'œil expérimenté approfondissait tout jusqu'aux plus minces détails : il se familiarisait avec les soldats jusqu'à manger la soupe avec eux. Il commandait avec une adresse remarquable les régiments de ligne. Et quelle fut la récompense de ces efforts? la plus noire trahison. Appartenait-il aux militaires de donner eux-mêmes l'impulsion au changement de l'ordre administratif par une désertion à main armée, comme ils firent à Monteforte en 1821. Chacun est libre de servir ou non le souverain; mais n'est-il pas coupable de haute trahison, un militaire, si, dès qu'il a prêté son serment de fidélité, il se révolte contre le chef du gouvernement? Une poignée de sous-officiers se déclara, dans cette circonstance, interprète de la volonté publique et du vœu d'une nation: je ne pus m'empêcher de rire lorsque j'appris à Matera, où j'étais en garnison, que la révolution avait éclaté à Naples. Qui jamais aurait cru que ces êtres eussent été les espions des projets des chefs de l'armée, ainsi qu'on l'a vu dans la suite? Qu'en eût-il coûté à Carascosa pour dissiper cet échafaudage d'enfants? Rien ne lui était inconnu; il en profita pour se venger du capitaine-général qu'il aborrait. Eh! qu'a de commun avec le bien public le désir d'une vengeance personnelle! Sous tous les rapports son procédé fut indigne, et la postérité ne lui pardonnera jamais; car il se servit de moyens trop vils pour obtenir une fin aussi sublime que l'est la réforme politique d'un état. Mais que pouvait-on attendre d'un égoïste ambitieux et traitre à son roi! d'un Carascosa! La capitulation apparente de Casalanza l'avait accrédité en quelque sorte; mais malheureusement sa bravoure fut tachée par sa conduite ultérieure. Le premier des talents est celui d'être conséquent : or, plusieurs de nos généraux ne le furent pas lorsqu'il fut question de l'honneur national. Collelta, dans son histoire, a dit bien des vérités sans déposer jamais cet esprit de parti; mais, durant sa vie, il ne fut ni un Solon, ni un Turenne, tel qu'il paraîtra peut-être aux yeux de la postérité. Il est facile d'écrire, mais si l'on veut figurer dans l'histoire, on doit parler en conscience.

Les écrits patriotiques rédigés à Naples aux temps soit de la république de 99, soit de la constitution, respirent le plus ardent amour de la patrie. Ce sont des théories qu'ils contiennent, mais des théories qui, comme disait un ancien colonel, ont fait fondre sur nous bien des maux : il n'avait que trop raison le respectable soldat Tassoni... Les réformateurs modernes auraient dû se pénétrer de la sentence de Filicaja : ce sonnet est ma règle en politique.

On sait quelle fut à Naples la constitution qui, en 1821, sortit en quelque sorte de la boîte de Pandore; on sait quels hommes composaient le parlement, et quelle fut la conduite du peuple qui, n'entendant rien à ce changement subit, ne se révolta pas, parce qu'il voyait encore au palais les souverains, et qu'on lui mit dans l'esprit qu'il s'agissait d'améliorer la législation. On connait aussi les mesures que prit, dans cette périlleuse circonstance, le prince héréditaire : je passerai donc tout cela sous silence, et je parlerai en peu de mots de notre expédition contre les Siciliens. Ces peuples étaient mécontents de leurs gouverneurs, et Palerme étant l'antique résidence des souverains et le lieu de leur couronnement, ils souffraient impatiemment qu'on les réduisit en provinces : ces raisons et le manque de commerce et d'industrie chez eux, leur font toujours espérer un changement d'administration. Sous le règne de Murat on leur fit, grâces aux anglais, de nombreuses concessions, parmi lesquelles la constitution de 1812. Mais quand le roi eut quitté l'île, tout changea de face. Sans cesse aux aguets pour épier les événements, les Siciliens profitèrent de la révolution de Naples (1821) pour faire une contre-révolution au détriment des Napolitains qui, comme peuple ami, n'ont jamais pris aucune part aux dispositions du gouvernement contre eux. C'est donc très-injustement qu'ils se révoltèrent, nous redemandant leur indépendance qui pouvait être un effet de la marche des affaires politiques et non une cause motrice de discorde et de division d'intérêts, et cela dans un moment où l'union seule aurait pu déterminer le roi

Ferdinand d'adhérer à ce mouvement, auquel on a voulu donner l'empreinte du vœu unanime des deux peuples. La révolution de Palerme opérée par ce même peuple qui, peu de temps auparavant, avait fait main-basse sur la garnison, par suite de l'imprudence d'un certain Siurche, général anglais, qui, menacé par une populace unie et féroce, l'attaqua dans l'intérieur de la ville au lieu d'en sortir, et se sauva en faisant massacrer cruellement les malheureux soldats, dont les têtes séparées de leurs troncs étaient portées en triomphe dans les rues. La révolution de Palerme, en démasquant les Siciliens, rompit le talisman; ainsi tout napolitain à présent sait à quoi s'en tenir. A quels excès ne s'emportèrent-ils pas ces barbares insulaires, qui versèrent le sang des enfants de Parthénope, victimes de la trahison.

Après une semblable boucherie, que pouvions-nous espérer des Siciliens? et quelle confiance pouvaient leur inspirer les Napolitains qu'ils avaient si indignement traités? Cette guerre de famille ne suffit pas aux réformateurs pour les déterminer à mesurer l'attaque à la défense. Vrais imitateurs de *Burattini,* ils crurent qu'il était facile d'anéantir dans le royaume de Naples, l'ouvrage de tant de siècles, et de faire comprendre au peuple ce qu'il n'entendait pas encore; je veux dire le mot constitution, que les paysans, pour tourner en ridicule le nouvel ordre de choses, appelaient *constipation.*

Elevés à l'école de l'expérience des affaires humaines, le roi et sa famille étaient au courant de ce qui se passait entre ces deux peuples, et adroite fut la mesure qu'il prit en reconnaissant, par l'entremise de son fils François, l'adhésion à la charte, qu'on sut lui extorquer, et en envoyant en Sicile un corps d'armée contre les ennemis de la constitution. Voilà pour les représentants du pouvoir exécutif un vrai jeu d'échecs : éloigner les forces de Naples, fomenter la guerre civile, se fier au temps et aux secours des puissances amies, fut l'œuvre d'un instant. En effet, ceux des généraux qui surent porter un regard observateur sur ce changement soudain, ne s'y méprirent pas. Pepe Florestano, Philangieri et Arcovito Luigi reçurent la mission de faire un choix des meilleurs officiers et soldats pour en former un corps de 8,000 hommes et les embarquer au plus tôt. Le ministre de la marine préparait la flotte et le lieutenant-général Arcovito, homme intègre et valeureux, allégeait à ses camarades ce qu'il y avait de pénible dans ces détails. Le lieutenant-général Pepe fut chargé du commandement dans cette expédition : Pepe était bien éloigné de l'exaltation de son frère Guillaume, et cela, non point faute d'amour de la patrie, mais parce qu'il voyait l'instabilité d'un régime sans appui et sans unité. Ce général, qui avait fait des prodiges de valeur en Espagne au temps de Napoléon, en qualité de chef de l'état-major de l'armée napolitaine, ce militaire, en un mot, prudent, habile et valeureux, fut choisi préférablement à tous les autres, pour vider, avec une poignée de soldats, une question si épineuse. Notre expédition, quoiqu'il en arrivât, devait tourner à l'avantage de la cour de Naples; mais elle présentait aux soldats de grandes difficultés et des dangers insurmontables; il fallait ou se battre en désespérés ou devenir la pâture des animaux marins.

Ces deux divisions militaires dont je fis partie, passant d'un régiment d'infanterie légère au royal de Palerme, allèrent s'embarquer sur les vaisseaux de transport préparés à cet effet. On fit voile pour Melazzo, petit port de Sicile, voisin de celui de Palerme. La flotte composée d'une frégate, d'une corvette et de quelques chaloupes canonnières, et de quelques bâtiments de transport et autres vaisseaux de guerre, leva les ancres simultanément et malgré les changements continuels des vents, nous arrivâmes en peu de jours à Melazzo, où, sans rencontrer aucun obstacle, nous débarquâmes en attendant l'escadre. Nous prîmes quartier pour nous délasser des fatigues de la mer, nous ignorions tous quelle devait être notre destination. Je me sentais mal, non par suite de la traversée, car j'étais fait à cela; mais une indisposition causée par mes frénésies juvéniles, conséquences naturelles du métier des armes, me causa la fièvre, et l'accès fut si violent, qu'à peine pus-je me traîner, en compagnie de mon sergent-major, jusqu'à mon logement. Appelé à faire le service du quartier, je fis annoncer au chef de bataillon de service mon indisposition subite, le priant de venir me voir ou de m'envoyer un sous-officier pour me soigner. Mon sergent-major revint confus, désappointé, et me dit : « Le commandant m'a répondu avec un sourire malin en ordonnant de vous faire remplacer, et les capitaines du régiment murmuraient entre eux attribuant votre maladie à toute autre cause : cependant on dit que demain nous

nous acheminerons par terre vers Palerme. Abattu, en proie en ce moment aux accès de la fièvre, je compris toute la force de cette ambassade.» «Eh bien, lui dis-je, allez de suite à l'hôpital; faites venir le contrôleur et le chirurgien-major, j'ai appris des maîtres de la maison que ce dernier a été à Paris. » Le brave camarade Hungaro court faire sa commission et revient comme l'éclair avec le contrôleur, ancien capitaine retraité et le chirurgien. « Messieurs, leur dis-je, voyez ma position, donnez-moi tel remède qu'il vous plaira, pourvu qu'il opère promptement; demain l'on bat la générale; fussé-je moribònd, je veux suivre les drapeaux. » Le docteur examina attentivement l'inflammation, cause principale de ma fière et me dit : « Le mal peut s'alléger; demain vous pourrez partir; mais vous n'aurez pas la force d'aller à pied. » On appelle un saigneur, et je sentis alors les admirables effets de l'application de ces sangsues qu'on a tant calomniées : employées à temps et lieu, elles opèrent des prodiges; en peu d'heures elles firent disparaître les accès d'une fièvre si violente qu'elle m'avait ôté presque l'usage de mes sens. Le capitaine et l'habile docteur me divertirent par leur présence jusqu'à une heure après minuit, et me quittèrent en me souhaitant un heureux voyage. Je mis entre les mains du chirurgien tout l'argent que j'avais dans ma bourse, en le priant de l'agréer en témoignage de mon éternelle reconnaissance. Il en prit un seul écu qu'il me montra en me disant : « Je suis loin d'être venu ici pour abuser de votre position; partez, et en vous souvenant de moi, faites que votre bravoure donne le plus solennel démenti aux calomnies forgées contre vous par tels de vos camarades qui souvent mesurent la valeur des autres à la leur. » Les soins que me prodiguèrent les chefs de la maison et le désintéressement dont ils firent preuve en coupant un grand et magnifique linge de toile pour recevoir mon sang qui ruisselait de toutes parts : tout cela sera à jamais gravé dans mon cœur; mais je n'ai jamais revu Melazzo. » Je me reposai le reste de la nuit et, en m'éveillant, je consultais mes forces lorsque j'entendis battre la générale; je m'habille précipitamment; j'étais déjà revêtu de mon uniforme, lorsque parut le fourrier qui me demanda si je restais à l'hôpital ou si je partais. « Il me faut un cheval, lui dis-je, les maîtres de la maison le cherchent déjà; aussitôt que vous l'aurez, venez me rejoindre au quartier. » Ce jeune homme ne pouvait revenir de son étonnement en me voyant courir vers la caserne. Quoique mes pieds pussent à peine me soutenir, je ne manquai pas le rendez-vous des officiers qui ne purent dissimuler leur surprise et me dirent : « Serez-vous des nôtres? Nous ne vous attendions pas. » Sans proférer une syllabe je me tournai vers le chef de bataillon et lui dis d'un ton ironique : « Vous avez deux chevaux; faites-moi le plaisir de m'en prêter un. » — « Pourquoi non, jusqu'à ce que vous en ayez un autre?» — Après l'appel le fourrier arriva avec un magnifique cheval. Le commandant comprit la plaisanterie et s'écria : « Quel bel animal! l'avez-vous peut-être acheté?» Je tombai des nues en apprenant par l'organe de celui qui tenait la bride qu'il avait ordre de m'accompagner jusqu'à Palerme; que ce cheval était celui du chirurgien-major de l'hôpital. Il avait servi dans l'armée et était animé des sentiments d'un véritable frère d'armes.

Une lettre du prince de Villafranca détermina le général à partir à l'instant pour la Bagarie, pays délicieux et couvert des *villa* des grands de la Sicile, situé à quatre milles de Palerme; il paraît que cette lettre contenait l'expression des bonnes dispositions du peuple, et l'exhortait à s'avancer avec ses troupes sur Palerme, et le prévenait que tout devait s'y terminer pacifiquement. En cela Pepe Florestano fut trop crédule; n'eut-il pas mieux fait d'attendre la force navale dont un orage avait retardé de huit jours l'arrivée? Sa bonne foi lui coûta cher ainsi qu'à nous. Nous arrivâmes à la Bagarie où nous ne trouvâmes aucune hostilité; ainsi, après y avoir fait halte, nous repartîmes pour Palerme. Nous ne rencontrions pas âme vivante sur la route. Néanmoins les officiers de l'état-major se reposaient aveuglément sur les assertions du prince de Villafranca, et, sans attendre la nuit à la faveur de laquelle on eut pu explorer les portes de la ville, nous serrâmes nos bataillons et nous avançâmes en plein jour sur la capitale de la Sicile. A peine fûmes-nous à portée qu'on nous salua par une grêle de balles, de bombes et de mitraille. Les soldats tombaient comme les feuilles des arbres par un vent impétueux d'automne. Placés en rase campagne, nous n'avions ni retraite, ni espoir d'être protégés. Sans artillerie, nous dûmes nourrir le feu sous les murs d'une ville qui se défendait derrière ses bastions. Tandis qu'un feu continuel partait des remparts, il s'agissait de repousser des milliers d'hommes qui tentaient des sorties pour nous envelopper et nous mettre en déroute. Bizarre était le spectacle de ces masses commandées par des religieux qui portaient sur leur bure les épaulettes de colonels. Mais vigoureuse et meurtrière fut notre résistance. Heureusement la poudrière sauta en l'air, et ce phénomène paralysa les opérations des assiégés. Les soldats Napolitains firent des prodiges de valeur, et mémorable sera à jamais le massacre que notre cavalerie fit, le quatrième jour des soi-disantes *bonache* dans les plaines de la *Guadagna;* mon bras s'en ressentit long-temps. Les vivres manquaient; le cinquième jour était là et la flotte ne paraissait pas. Nous avions dans la ville un parti puissant composé des militaires de la garnison et de la majeure partie de la noblesse; mais les premiers avaient été enfermés dans les prisons de la vicairie; et les forçats joints aux *bonache* et à tous les scélérats de la ville dominaient, choisissant pour leurs chefs qui bon leur semblait. La nullité de cette guerre fut très-nuisible à notre armée et donnait le temps aux rebelles de connaître nos forces ; s'ils en avaient eu l'adresse, nous aurions été à l'instant cernés et massacrés. Nous étions dans la plus grande consternation ; on pensa à surprendre l'ennemi en prenant une position dans la ville, entreprise souverainement périlleuse et inspirée par le désespoir, mais nécessaire. Mon colonel, celui là même qui à Procida s'était si fort signalé envers moi, se présenta tout agité à quelques capitaines et nous dit : « Messieurs, par ordre du général, il faut que trois compagnies de bonne volonté escaladent les murs du palais Cattolica, peu distant de la *flora*, et s'emparent de cette position. » Personne ne répondit ; je prends la parole et dis : « Si vous voulez m'en confier le commandement, je tenterai l'entreprise. » — « Il appartient au plus ancien, répliqua-t-il. » Il n'est pas question d'antiquité, colonel... au musée ! au musée d'automates! — « Eh bien, ajouta-t-il, j'en informerai le général. »

Situé hors de la ville, le palais du prince de Cattolica s'étend d'un côté sur la place des Grecs, de l'autre sur la promenade de la marine. Nous attaquons à pas de charge les barrières de fer qui fermaient l'entrée de l'allée; les sapeurs, pareils à des lions furieux, en arrachent en un clin d'œil les pilastres, et nous nous trouvons tout-à-coup sous les murs du palais qui font face au jardin. Mais comment monter sur la terrasse? Il fallut grimper comme des chamois sur des promontoires très-élevés; souvent le terrain, manquant sous nos pieds, nous faisait dégringoler encore; après des efforts multipliés les sapeurs montèrent sur la terrasse où je les avais précédés avec beaucoup d'autres. Nous nous rendons maîtres de la position et nous passons la nuit aux aguets; mais à l'aube du jour on s'aperçoit de notre présence. Du haut des tours et des terrasses voisines qui dominaient ce bâtiment, les assiégés poussèrent des cris terribles pareils aux rugissements du lion dont un pied téméraire aurait envahi la caverne. Une grêle de mousquetterie fut dirigée sur les postes avancés que j'avais cachés sous les arbres du promontoire escaladé. Du sein de la mer les chaloupes canonnières firent contre nous un feu très-vif, à demi-portée de canon. Les pièces braquées dans les clochers et sur les voûtes des églises, et le long des bastions nous saluèrent avec une mitraille et des balles incessantes. En peu d'heures les murs du palais ébranlés se fendent, les poutres croulent et le pavé faillit manquer sous nos pieds; le désordre est général, rester plus long-temps dans cette infernale position, c'eût été une grande gaucherie; car nous y aurions infailliblement été passés au fil de l'épée. J'expédie incontinent un officier aux commandants des postes avancés; le brave lieutenant Morgante s'ouvrit un passage à travers les fusillades; blessé au bras, il revient et dit qu'ayant demandé du renfort au chef de bataillon N... de notre régiment, celui-ci lui a répondu qu'il n'a point reçu l'ordre d'avancer et s'est retiré abandonnant la position parce qu'il craignait de se voir attaqué.

Embarrassé par ce refus, j'appelle les officiers et leur dis : « Camarades, du haut de ces créneaux altiers et du sein de cette plaine, nos amis et nos ennemis nous contemplent; il s'agit donc de vaincre ou de mourir. » Les forçats avaient posté deux pièces de huit sur la plaine des Grecs contre la porte secrète du palais *Cattolica*. A cette vue je m'écrie : « Ces pièces, il s'agit de les prendre et d'anéantir cette canaille. » Ardue était l'entreprise, car il fallait non-seulement se battre contre une masse de forcenés; mais encore affronter les balles qui partaient innombrables des fenêtres, des balcons, des angles des rues, et la mitraille qui, des divers points de la ville, tombait sur cette place; mais ce n'était pas le moment de mesurer le danger : qui s'arrête dans le combat finit par être battu. En courant à une mort presque certaine, Napoléon prit le pont d'Arcole, et, sans son exemple, imprenable était cette terrible position; je fais donc abattre la porte, et à la tête des soldats avec les deux autres capitaines, je sors des murs en m'appuyant sur la droite, et quelques minutes après, il ne nous restait plus que 250 hommes, 20 avaient été ensevelis dans le palais, quelques-uns tombèrent devant nous, plusieurs autres furent blessés; nous parvinmes cependant à disposer en demi-cercle notre poignée de braves; et nous chargeâmes ainsi, à baïonnettes croisées, la populace qui, effrayée de la célérité de notre manœuvre et de l'intrépidité de nos soldats, qui déployèrent un courage inouï, commença à reculer, et les masses qui couvraient le terrain furent cernées et désarmées au moment où elles voulaient prendre la fuite; et en nous emparant des canons, nous disposons la retraite par file longeant les murs des maisons et nourrissant le feu, nous traînons hors de la ville les canons conquis. Un piquet de 50 hommes forma la chaîne et nous précéda escortant 80 prisonniers. Cependant les fusillades partant des croisées et des bastions nous accompagnèrent jusqu'à la porte des Grecs. La troupe furieuse mettait le feu aux maisons et les saccageait, partout les soldats portaient la mort sous leurs coups; jamais les Napolitains n'ont montré plus de bravoure. Le reste de l'armée suivit notre exemple. A peine fûmes-nous hors de la porte que le lieutenant-colonel Smelber, chef de l'état major et d'autres officiers nous entourent et nous comblent d'éloges. — « Il n'est plus temps de dormir, répliquai-je, il faut que le général fasse attaquer ces bêtes dans leurs antres; les masses cèdent à la valeur de nos soldats. » Le général Pepe, passant tout près de nous le cigarre en bouche, m'entend, dissimule, fait quelques pas et ordonne que 12 compagnies commandées par le lieutenant-colonel

Lombardi entrent dans Palerme et détruisent tout ce qu'elles rencontreront sur leur passage. A force de charges incessantes et après des pertes nombreuses, les deux bataillons arrivent enfin sur la place de la Marine, désarment le poste de la *Grande Garde*, et en se retirant, mettent le feu aux quartiers qu'ils traversent, et reprennent la position.

Le général Costa qui avait échappé au carnage dans la malheureuse affaire du général Siurke et qui se trouvait alors dans l'intérieur de l'île avec 1,500 hommes, parcourut la Sicile en vainqueur, et à notre arrivée, sa troupe se replia sur Palerme. Ce renfort nous fut très-utile, parce que s'étant posté au côté opposé des murs de la ville, il divisait les forces des révolutionnaires en les inquiétant et les distrayant des opérations centrales. La terreur produite sur les révolutionnaires par nos incursions fut telle, que, voyant les débris des troupes Napolitaines renfermées dans Palerme, et les vassaux des grands de l'île courir se ranger sous nos drapeaux pour nous informer des opérations de la faction populaire, et où en étaient les choses, ils réunirent leur conseil. Les princes de Paterno, celui de Villafranca et d'autres riches seigneurs, trompés déjà par le peuple, virent bien qu'on en était venu à un tel point, que la flotte une fois arrivée, il s'agissait d'un siége formel, et que Palerme serait la proie du fer et du feu. Leurs chefs ignoraient nos forces; car, s'ils les avaient connues, ils auraient ri de notre témérité. A la guerre souvent l'ordre surgit du sein du désordre, et la persévérance de nos soldats fit faire de sérieuses réflexions aux amis sincères de l'ordre public. Au moment où des parlementaires commençaient à se présenter au camp, parut la flotte désirée qui débarqua précipitamment l'artillerie et plaça ses pièces sur leurs affûts correspondants. Les mortiers et les munitions étaient abondantes; la nouvelle de ces préparatifs jeta l'alarme dans le camp ennemi, qui nous croyait très-forts; on délégua le prince de Paterno pour capituler. Le huitième jour de notre arrivée les Palermitains se présentèrent en foule sur le quai de la Marine, tenant en main des mouchoirs blancs qu'ils agitaient en demandant la paix. Les pertes des Palermitains furent immenses; les rues intérieures étaient jonchées de cadavres; ils les recueillirent sagement et en remplirent une vaste Église, située à côté de la *Porta-Felice*, beau trait d'un peuple qui avait fait tous ses efforts pour emporter la victoire, et si les Napolitains se battirent en braves, les Siciliens certes prouvèrent de leur côté qu'ils étaient dignes d'une meilleure cause.

Durant les courts préliminaires de la paix, il fut touchant pour nous le spectacle de nos frères d'armes et compatriotes de tout âge et de tout sexe qui venaient pour nous restaurer et nous délasser de tant de fatigues; si la flotte n'était arrivée, nous étions perdus, la faim eût été là avec toutes ses formes hideuses.

Le lendemain, le général en chef se rendit à bord d'un *Cotter* anglais, où fût stipulée la capitulation très-honorable pour les troupes et généreuse envers nos ennemis. Un jour de septembre 1820, nous entrâmes à Palerme canons chargés et mèches allumées, par cette même porte qui avait été le théâtre de la guerre. Une immense population remplissait les balcons et les croisées des rues que nous traversions. Les portes des maisons étaient hermétiquement fermées. Arrivés à la place de la Marine, nous y laissâmes un bataillon au bivouac. Nous traversâmes la rue de Tolède autrement appelée *Cassero*, et nous fîmes halte sur la place du Palais. Le service des bivouacs étant organisé, le reste de l'armée s'achemina vers les casernes. Le général Costa commandait l'arrière garde et menait avec lui des centaines de volontaires de Messine et de quelques autres villes de l'île qui se joignirent aux troupes royales désapprouvant la rébellion des Palermitains. C'est ici le lieu de le demander : quel est l'historien qui a fait mention de la bravoure de ces deux peuples? Sans parler de la cause de ces carnages, ces faits d'armes, ces stratagêmes adroitement calculés méritaient qu'on en rendît compte. Je n'ai pas trouvé un seul nouvelliste qui parlât de l'expédition des Napolitains en Sicile au temps de leur constitution de 1820. On a voulu considérer la chose comme un démêlé de famille tandis qu'elle fut une guerre formelle, où chaque officier et chaque soldat fit des prodiges de valeur. Les journaux étrangers, empressés à relater tout ce qui se passe sous le soleil, n'en parlèrent que très-peu ou point, et pourquoi? parce qu'on ne veut pas rendre justice à la valeur des habitants des Deux-Siciles. On s'amuse à appeler *maccaronari* les braves et ingénieux enfants de Parthenope. Mais ces *maccaronari* sont capables à l'occasion aussi de grandes choses. Qu'on ouvre l'histoire et l'on verra leur défense héroïque contre Championnet en 1799; sans la trahison des Jacobins qui faisaient feu sur le peuple, les Français, après avoir été battus à coups de pierres, de piques et d'instruments ruraux, faisaient volte face. Mais les masses, se voyant surprises entre deux feux, se retranchèrent sur les places de cette vaste capitale attendant l'ennemi de pied ferme. Le trésor de S. Gennaro fut le seul qui échappa au pillage des églises d'Italie. Oui, 150,000 *lazzaroni* sont 150,000 hommes qui ont une poitrine, un cœur et des bras, et quoiqu'on en dise contre ces plébéïens, je les ai trouvés toujours généreux, subordonnés et courageux. Osera-t-on prétendre que ce ne sont pas eux qui forment le soutien du royaume de Naples? Croyant et souvent même superstitieux, ce peuple est soumis à ses souverains, et bien guidé, il sait, au besoin, tout entreprendre pour la cause de la patrie.

L'impartial traducteur de l'histoire de Capefigue, intitulée l'*Europe durant le consulat et l'empire de Napoléon*, poussé par ce sentiment trop exclusif d'amour national, a cherché à déprécier les populations Italiennes.

« Le directoire, dit-il, envoya à Naples les généraux Magdonald et Championnet. Au sein de ce peuple énervé, la conquête en fut facile ; les régiments Napolitains, commandés par le général Mak, disparurent comme la neige des Abruzzes aux premiers rayons d'un soleil de printemps ; rarement on voit battre un cœur de brave dans les poitrines indolentes du midi ; sous ces palais où le lazzarone dort étendu le ventre tourné vers le soleil. »

Joseph Pagni, italien d'esprit et de cœur, réfute victorieusement ce paragraphe de l'enragé français :

« Ce jugement n'a pas été bien pesé par l'historien ; c'est une injure faite à l'honneur napolitain. Outre les faits éclatants de ce peuple dans les derniers temps, qu'on lise son histoire ancienne. Le sardonique auteur ignorait-il peut-être la bravoure que déployèrent les Napolitains à Toulon en 1793, et dans la Lombardie en 1795, lorsque joints à l'amiral anglais Hottam, et n'ayant tout au plus que deux vaisseaux, ils attaquèrent la flotte française partie de Toulon, la vainquirent et la forcèrent à rentrer au port; et lorsque, en 1798, seuls, sans chefs, sans roi, ils vainquirent et désarmèrent plusieurs fois les Français soulevés en masse; et lorsque, en 1799, Naples se défendit comme une lionne contre Championnet et son armée: et que dirai-je de la conduite des Napolitains sous Murat et dans des temps plus rapprochés? Non, non, le courage et le patriotisme ne manquent pas aux Napolitains; il fallait dire plutôt que la lâcheté de quelques chefs, la trahison, la fortune ennemie furent cause que presque toujours ces généreuses vertus devinrent funestes à ceux mêmes qui en étaient animés. »

Le 29 novembre le roi de Naples conclut, par l'entremise du duc de Serra Capriola, un traité avec l'empereur de Russie, que le prince de Beborosko, de Kotschbube et de Kostopchni, signèrent au nom du Czar. Outre l'adhésion à ce traité stipulée par la flotte russe jointe à celle de la Porte sur la Méditerranée; outre un secours de troupes consistant en neuf bataillons d'infanterie et l'artillerie nécessaire, et 200 cosaques que Paul Ier s'engageait à donner au roi des Deux-Siciles. Vers le commencement de décembre le roi de Naples conclut aussi dans sa capitale un traité avec la Grande-Bretagne, par l'organe du marquis de Gallo et du chevalier Hamilton. En vertu de cette capitulation l'Angleterre devait tenir sur la Méditerranée, jusqu'au moment de la paix, une flotte d'une grande supériorité sur celle de l'ennemi. Le contingent maritime du roi des Deux-Siciles était déterminé et tout commerce avec la France était interdit à ses sujets.

La reine Caroline fut une des femmes qui exercèrent le plus d'influence sur la diplomatie des alliés depuis 1798 à 1801.

Voilà pourquoi de si amers jugements furent lancés contre elle par les libellistes.

Durant l'occupation militaire de Palerme, le général Pepe se distingua par sa philanthropie, son humanité et son héroïque désintéressement : il demanda simplement ce qui était nécessaire pour l'entretien des troupes et, pour cette raison, il fut l'idole de l'aristocratie et du peuple; mais le parlement qui pensait à tout excepté à son devoir et aux affaires urgentes de l'état, poussé par les ennemis secrets du mérite de Pepe Florestano, osa le rendre responsable de son indulgence envers les rebelles; et dépouillé de son commandement, ce digne général dut se rendre à Naples, et pressentant qu'un jugement allait peser sur lui, il se vit dans la nécessité de demander aux officiers des différents corps de l'armée, un certificat sur la conduite qu'il avait tenue sous les murs de Palerme : tous s'empressèrent à l'envi de souscrire. Profondément indigné, chaque soldat, de voir la bravoure et la probité aux prises avec l'intrigue et la trahison, nous adressâmes au parlement une longue protestation, en demandant au nom de nos frères d'armes que le traitre Carascosa fût traduit devant un censeil de guerre; mais il était déjà ministre de la guerre : emploi dont la soif, comme je l'ai dit, lui avait fait trahir le roi et la nation. Le successeur de Pepe que, par un principe de respect pour les morts je m'abstiendrai de nommer, mit tellement à contribution les Siciliens, que tous s'élevèrent contre lui, et, peu de temps après, il fut rappelé à Naples. Le général Nunziante, quoique issu d'une famille obscure qui, en 1799, suivit le cardinal Ruffo Scilla, se conduisit très-bien, s'étant fait une règle de marcher en tout sur les traces de Pepe. Aussi, insulaire de Lipari, Nunziante se familiarisa adroitement avec le peuple. Les propriétaires de la si fameuse tannerie de Palerme se trouvèrent dispersés dans la ville; mais grand était leur nombre, et parmi eux se rencontraient ceux-là même qui avaient égorgé les napolitains au temps du général Siurke; ils possédaient des propriétés immenses où ils déposaient leurs peaux, et leurs laboratoires souterrains recélaient des canons et des munitions, ce qui certes était à craindre; c'est pourquoi le rusé Nunziante (très-connu dans l'histoire comme l'exécuteur de la sentence de l'infortuné Murat à Pizzo), après l'arrivée des allemands, fit tant qu'à la faveur des ombres de la nuit, il s'empara de ces catacombes, les détruisit et en enleva les armes et les munitions. Ce coup d'état jeta l'épouvante dans le camp des *bonaches* qui, voyant qu'une contre-révolution dans la ville était impossible, se répandirent dans les campagnes voisines et firent cause commune avec les habitants de la province. Cependant les habitants du département de Palerme, soumis à une poignée d'hommes, refusèrent de payer l'impôt. Le soldat voulait manger, le parlement dormait, les finances étaient épuisées. Comment faire? On ordonna que de forts détachements partissent pour l'intérieur de l'île afin d'exiger le produit des contributions arriérées : *hoc opus, hic labor.*

On promulgua l'ordre du jour et chacun se prépare à partir. Je fus compris dans le nombre, et il paraît que j'étais destiné à donner l'impulsion au désarmement de la province : opération qui devait s'effectuer deux jours après notre arrivée dans l'île. Deux compagnies de mon régiment eurent pour destination un pays appelé Calatafimi; un des plus anciens capitaines commandait la petite expédition; je le connaissais, mais sa valeur je l'ignorais. Le 5 janvier 1821, nous partîmes de grand matin pour la ville de Partinico, située à dix-huit milles de Palerme, et but de notre première étape. Les cabarets placés sur la grande route étaient fermés, et à peine pûmes-nous trouver un peu de vin pour nous rafraîchir. A trois heures après midi nous arrivâmes à Partinico, ville de 17,000 habitants et bâtie dans une plaine magnifique : nous fîmes halte sur la première place où se trouvait une centaine de *bonaches* enveloppés dans leurs manteaux, qui, en nous voyant, restèrent immobiles; je demandai à voix basse à un sous-officier qui connaissait le pays, quel était ce groupe : « Ce sont, me dit-il, des hommes mal intentionnés, armés de fusils à arbalet qu'ordinairement ils portent cachés sous leurs capottes. » Je découvris alors les valets de ville qui s'approchaient pour nous indiquer la caserne : à cheval et deux fois décoré, tous crurent que j'étais le commandant du détachement. Un local hors des portes de la ville fut l'abri qui nous avait été destiné. Dans une maison abandonnée nous trouvâmes de la paille aussi antique que les murs qui la renfermaient, et qu'on avait tiré probablement des grabats : par là je vis avec plaisir qu'on avait voulu nous isoler. Je m'entretins avec mon collègue sur la conduite à tenir, et nous décidâmes qu'il fallait rester tous réunis; je lui parlai de ces hommes armés que nous avions rencontrés sur la place : il s'étonna qu'en si peu de temps j'eusse pu me mettre au courant de cela. Les soldats allèrent en bonne escorte se pourvoir du nécessaire. Je m'assis sur le seuil de la caserne rêvant sur notre fabuleuse expédition. Le lieutenant Biasiello, escorté par les fouriers, revint, et il nous dit: « Le maire ne veut pas nous donner ce qui nous est dû; comment faire pour partir demain? il ne veut pas payer les frais de voyage et refuse jusqu'aux moyens de transport. » Nous mangerons à tout prix, répliquai-je. C'était deux heures après le crépuscule du soir : je projette de nous rendre chez lui, de crainte qu'on l'eût indisposé par de mauvais procédés; je fais appeler quatre caporaux armés de leurs fusils, et nous partons avec le sous-lieutenant; nous nous aventurâmes au sein d'une profonde obscurité en cherchant la demeure de ce magistrat, mais Biasiello ne sut pas s'orienter. Heureusement nous rencontrâmes un paysan; nous le priâmes de vouloir bien nous conduire chez M. Golini, et, après avoir marché pendent quelque temps, nous arrivâmes devant la porte d'entrée qui était placé à plein pied, comme presque toutes les demeures de cette ville. C'est ainsi que les habitants peuvent se garantir des ardentes chaleurs de l'été : au premier salon nous aperçûmes une vingtaine de ces fripons que nous avions vus d'abord sur la place : « Où est le maire, dîmes-nous ? » — « Là, répondirent-ils sans bouger de leur place. » — Nous traversons encore deux autres chambres, et j'aperçois enfin *une bonaca*, que je crois être notre homme : « N'êtes-vous pas le maire de la ville? » — « Oui ; que désirez-vous? » — Ce que la loi accorde pour le passage des troupes. — « J'ai donné mes ordres, » ajouta-t-il. — Alors mon collègue indigné de son indifférence s'écria : « Cela ne suffit pas ; il est tard et demain matin nous devons partir.» — « Je vous l'ai dit, j'ai donné mes ordres, reprit le téméraire sicilien ; ainsi vous pouvez vous en aller. » — A ces mots la fureur jette un bandeau sur mes yeux, et oubliant cette bande armée qui lui inspirait tant d'audace, je lance au stupide paysan un soufflet si fort, qu'il tomba, comme évanoui, par terre. Au même instant le cri d'alarme se fait entendre; le capitaine qui avait été la cause occasionnelle de la querelle me dit : « Qu'as-tu fait! » et disparut. — Je tire mon sabre et me mets en état de défense; mes quatre caporaux désarment les sicaires domestiques qui cherchaient à me massacrer, et, avec la rapidité de l'éclair, nous regagnons la première porte; les hommes armés se fraient un passage et je soupçonnai ce qui arriva, savoir, que l'ennemi nous attendait dans la rue pour nous cribler de coups. Ce pas il fallait le faire, et nous nous estimâmes heureux en voyant que les vingt coups de fusil tirés contre nous n'avaient atteint personne. Nous défions ces infâmes satellites, et en brandissant nos épées, nous accélérons notre retraite; nul n'osa nous poursuivre au sein des ténèbres. Je tiens conseil avec mes braves et nous nous décidons à gagner toujours des rues détournées, dans l'espoir de trouver quelqu'un qui puisse nous indiquer le chemin du quartier. Nous sommes atteint par trois assassins qui nous cherchaient pour nous égorger; ils lancent sur moi une énorme caillou qui manqua son but, nous fondons sur eux; deux tombent sous nos coups et les bâtons allumés qu'ils portaient en guise de torches nous servirent de guides pour arriver à notre destination.

Informé de la manière dont nous avions été traités et prévoyant le juste ressentiment des supérieurs, Golini ènvoya le chef de la garde urbaine pour parlementer, il lui consigne un soldat qui s'était égaré dans la mêlée, lui enjoignant de proposer des accommodements dans l'intérêt de la paix. Je lui fis dire : « La nuit on dort, demain on parlera de cela. » Cette réponse le confirma dans la crainte qu'il avait que je ne fisse un rapport sur sa conduite, et, méprisant les avis du juge de paix son parent, il partit au sein de la nuit pour Palerme, afin de prévenir le coup en informant à sa manière le général Nunziante. Qui eut cru que mon collègue allait déclamer contre moi me signalant comme un homme extravagant et léger, capable, après avoir salué Bacchus, de m'emporter à tous les excès. L'infâme espéra pouvoir ainsi couvrir sa lâcheté et parer un jugement. Il est vrai qu'arrivé à Palerme je réclamai un conseil de guerre; mais le capitaine ne fut point jugé sur son faux rapport, et la faiblesse qu'il avait montrée durant tout le cours de l'expédition. Le 6 janvier nous étions à Partinico sans savoir quel parti prendre. J'appris que de nombreuses bandes armées étaient postées sur la colline attendant notre passage. Que faire? Continuer la route ou rebrousser chemin étaient des choses également périlleuses. Ignorant la trahison de mon collègue, je lui dis : « Appelez le juge de paix; s'il consent à venir ici, je lui indiquerai le moyen de sauver les soldats et le peuple. » Il vint; je le trouvai bien intentionné, et même indigné du départ du maire pour Palerme; il va, disait-il, il va mettre au jour ce qui devait rester enseveli dans le silence de la nuit. Nous aurions tout arrangé, tandis qu'à présent cette affaire pourra entraîner contre lui, et peut-être contre vous aussi, de funestes conséquences. » En effet, si le conseil de guerre n'avait considéré que Golini était éloigné de l'exercice de ses fonctions, je devais être condamné à cinq ans de prison; ce qui, dans la personne d'un officier, est commué par la perte de son grade. La loi est claire sur ce point et je m'attendais à être destitué de mon emploi pour n'avoir pas souffert les insultes d'un vil manan. L'humeur pacifique du juge m'inspira de la confiance, je le conduisis dans la caserne et lui dis: « Oublions le passé; il est question de mettre le détachement à l'abri du danger; vous seul pouvez le faire, sinon qui préservera votre patrie du fer et du feu? »

— Et comment faire? — En vous offrant en ôtages avec d'autres notables de la ville; c'est-à-dire, en marchant à la tête du détachement jusqu'à quelques lieues de distance de Partinico. — Bravo, capitaine, s'écria-t-il, et à l'instant même il écrivit deux lettres à ses amis, mais sans quitter la caserne dont certes il n'aurait pu sortir, car j'avais déjà prévenu les officiers. Demi-heure après, trois barons escortés par leurs écuyers se présentent à nous, descendent de cheval et prennent le mot d'ordre. Nous nous restaurons de notre mieux, et, rangés d'après mon plan, nous nous mettons en route. Nous traversons la ville en silence; tous les habitants nous regardaient étonnés. Quand nous eûmes passé les portes, le détachement marcha à volonté; je repris mon poste de bataille, et je fis part à ces messieurs de ma fatigue et de la faim qui me dévorait: « A quelque pas d'ici nous allons trouver une auberge, » répondirent-ils en souriant. Ces messieurs, après avoir fait avec nous une lieue, voulurent nous accompagner encore à un mille de distance pour nous y traiter. Nous trouvâmes dans leur maison de campagne un dîner splendide pour l'état major, du pain, du fromage et du vin en abondance pour la troupe. Ce fut pour moi une douce surprise. Je me tins cependant sur mes gardes et je recommandai à mes surbordonnés d'avoir soin que les soldats bussent modérément : on portera même le dîner à celui des officiers qui était destiné au bivouac, ajoutai-je; après quelques instants de repos, on but et on mangea gaîment. Nous nous empressâmes de remercier nos dignes ôtages et nous reprîmes la route de Palerme. Un cavalier en estaffette parut et présenta au capitaine l'ordre de rentrer au quartier général comme s'il eût été facile, sans mon expédient, de sortir de Partinico. Qui commande ne sue pas, et le général ne réfléchissait pas que, mal escortés, nous pouvions être tous massacrés en route. Excité par les sectaires, le nouveau colonel de mon régiment me regardait de mauvais œil; il s'arrangea donc de demander à Nunziante le décret de mes arrêts de rigueur dans la forteresse.

Trompé par le rapport du colonel, Nunziante adhéra de bonne foi à ses sollicitations.

Nous logeons nos soldats, et chacun se présente à son supérieur. Je me rendis chez le colonel Firrao qui me reçut très-mal, et, sans prêter l'oreille à ce que je voulais lui exposer, il me dit brusquement : « Le général ordonne que vous passiez à l'instant au château.

Voici mon épée, lui dis-je, prévenez le général que je veux être jugé par un conseil de guerre et non par lui seul, ou selon ses caprices.

Je monte sans délai sur un bâtiment affrêté et je me fais conduire à Castellamare.

Firrao fut frappé de mon procédé, et dit à ses officiers : « La fermeté de ce capitaine me donne des soupçons sur la conduite de l'autre : qu'on écrive demain à Partinico pour avoir de plus amples renseignements.

Nunziante publia un ordre du jour pour l'armée où était écrit : « Le capitaine N..., s'étant emporté dans l'exercice de ses fonctions contre le maire de Partinico, passera au château pour y subir la peine due à son imprudence, » et cet ordre fut inséré dans le journal de Palerme : sitôt que j'eus lu le journal je demandai mon jugement; le général qui ne m'avait jamais vu, m'envoya son fils, aide de camp et capitaine dans le régiment où je servais, qui me dit : « Mon père apprécie votre courage et vous fait savoir que l'ordre du jour n'est qu'un palliatif pour calmer les habitants de Partinico. — « Dites à votre père, lui répliquai-je, que ce n'est pas moi qui dois interpréter les motifs qui l'auraient déterminé à agir ainsi, et qu'après une telle publicité, je veux être jugé. » A ces mots le capitaine se retira. Cependant deux bataillons partirent avec l'artillerie des montagnes et opérèrent ce désarmement négligé jusque là. Sans un fait éclatant comme fut le nôtre dans cette province, on ne songeait pas à désarmer les campagnards. Le commandant de la forteresse où je fus envoyé, réclama mon épée; me rappelant qu'elle devait être encore ensanglantée, je demandai qu'elle fut remise à qui de droit, afin de l'enlever des mains du colonel acharné à ma poursuite Ce brave chef de bataillon l'examina et vint à moi en me disant : « Avez-vous peut-être oublié l'usage que vous avez fait de votre sabre? Faites-le nettoyer. Les officiers du détachement rendirent témoignage à ma fermeté et mirent ainsi au grand jour la conduite du commandant : les informations de Partinico me furent favorables, car les Siciliens sont courageux et détestent la lâcheté; voilà donc mon cher collègue conduit à son tour au château et soumis à ce même conseil de guerre que j'avais réclamé. Grande fut ma satisfaction en voyant cet homme pris lui-même dans les filets qu'il m'avait tendus. Les officiers venaient souvent me visiter et se montraient indignés que, le régiment allant partir pour la frontière, je dûsse languir aux arrêts. Je leur répondis : Je préfère mon état à la honte qui vous attend sous les ordres d'un Pepe Guillaume, d'un Carascosa. Car je ne connaissais que trop l'esprit public de nos concitoyens, les intrigues et le personnel de l'armée, composée, il est vrai, de bons soldats et d'officiers meilleurs encore, mais ses premiers chefs, esclaves d'une ville jalouse, étaient divisés entre eux et préféraient une basse vengeance à l'honneur, au devoir. Notre liberté constitutionnelle était à la veille de son agonie : le roi Ferdinand partit pour Laiback, laissant son fils François, vicaire général du royaume. Il invoqua la protection de ses alliés et l'obtint. S'étant mis à la tête du parti de l'opposition, le prince sut s'emparer de tous les fils de cette trame et conduisit sa barque avec tant d'adresse que plusieurs le crurent rebelle à son père : tant était grand l'aveuglement de ces libéraux qui, les yeux vers la lune, prêchaient la liberté. On crie aux armes et tous les soldats sont appelés à voler à la frontière. C'était temps de guerre et non de conseils : nous reçûmes l'ordre d'aller nous ranger sous nos drapeaux et la cause de Partinico serait morte en naissant, si, à notre arrivée à Naples, un chef de division du ministère de la guerre ne m'eût demandé 500 ducats pour la terminer. Je me cabre et lui dis : « Je suis innocent ; mais fussé-je coupable, je n'achète point la justice à ce prix. » Je consultai le célèbre Lauria et le fameux avocat Cianci, tous deux jurisconsultes distingués qui me dirent : « Avez-vous voulu nous exposer votre prétendue faute ou plaider votre cause ? Il nous semble à nous que vous avez défendu vos droits : ainsi le conseil que nous pouvons vous donner, c'est de vous défendre vous-même : en ce cas vous serez vainqueur, parce que le procès rentrera dans les règles ordinaires et, pour le soufflet donné au maire, vous serez condamné à deux mois d'exil correctionnel. Pour une chose pareille, sacrifier 500 ducas, c'eût été une folie. » Nous rentrâmes dans la citadelle à Naples, où nous attendîmes le résultat des événements militaires en nous promenant dans le fort S^t^. Elme. Alors qu'arrivaient les bulletins de la grande armée, je remerciais la providence de m'avoir exempté d'être partie et témoin de cette honte. Les Napolitains ayant été battus à Antrodoco, on parla de l'arrivée des Allemands, et d'un moment à l'autre on attendait les armes autrichiennes. Le colonel Tassoni, vieillard respectable, commandait le fort S^t^. Elme, et chaque jour il s'élevait contre les doctrines des révolutionnaires. Je n'oublierai jamais ces paroles : « Une bande de désœuvrés va nous réduire à acheter le pain de porte en porte; les militaires, dans cette occasion, ne méritent point de quartier après avoir trahi le roi et foulé aux pieds le traité de Casalanza. Je lui dis un jour : « Que ferons-nous, mon colonel, à l'arrivée des Allemands? — Vous nous livrerez à l'ennemi avec la forteresse ? » — « Non, non, me répondit-il, je ne consigne point mes frères d'armes à l'étranger d'autant plus que vous êtes aux arrêts pour n'avoir pas voulu vous laisser battre ; sitôt que nous apercevrons l'avant-garde, chacun rentrera chez soi. »

Quelques jours après l'homme de peine vint frapper à ma porte et me dit : « Le commandant ordonne que chacun s'en aille chez lui ; car les allemands sont à Capo di Chino. Je m'habille précipitamment et charge mes effets sur le dos d'un faquin : Tassoni nous fait servir le café et nous quitte profondément ému. Le sort des armes nous préoccupait singulièrement ; nous pensions à tout sans douter cependant que les affaires une fois arrangées, le chef du ministère de la guerre allait nous faire rentrer au fort Saint-Elme pour être jugés. Inutiles furent les prières du colonel, son frère, et de mes amis. Blessé à l'endroit le plus sensible par le refus des 500 ducats, il résolut de nous perdre et crut y réussir en nous envoyant à Palerme pour être jugés sur les lieux comme s'il eût été question d'un assassinat prémédité. Tels étaient les hommes qui formaient alors le personnel du ministère. Abusant de la bonne foi du souverain, ils prostituaient la justice et propageaient le découragement et la haine. Voilà les germes secrets de ces révolutions qui souvent à Naples éclatèrent imprévues. En effet comment parvenir à connaître les intrigues qui, tous les jours, pèsent sur les hommes en faisant de nombreuses victimes sur une masse de 500,000 habitants. Ils paraissaient être des phénomènes ces mouvements inattendus, et cependant ils n'étaient que la conséquence légitime du despotisme ministériel. En ce temps un officier de la secrétairerie exerçait une telle influence, que le roi faisait presque tout au gré de ses désirs. Si grande était l'aveugle confiance dont ces traitres avaient su s'emparer, qu'alors même qu'ils étaient démasqués, au lieu de les condamner à l'exil ou à la prison, on leur laissait encore le grade et une forte pension. Ces traits de la clémence royale ne faisaient que redoubler l'audace pétulante de leurs successeurs : ainsi la rapine allait se reproduisant toujours sous mille formes diverses au détriment du peuple. La seconde entrée des allemands à Naples fut extrêmement monotone et désagréable, surtout pour les militaires; car en 1815, il est vrai, les affaires s'étaient arrangées peu à près à l'amiable; mais cela n'empêchait pas qu'on n'eût tout à craindre de leur retour. La terreur était peinte sur tous les visages, et le silence le plus profond régnait au sein de cette immense population. Chose insolite; car presque toujours, à un mille de distance de cette cité, on entend l'écho des mille et mille voix qui produisent un retentissement sourd et continuel. Interrogé sur la cause de ce calme apparent, le général

Frimont répondit : « C'est ce silence même qui m'engage à me tenir sur mes gardes ; je ne reconnais pas là la gaîté habituelle du napolitain. » Revenu de Laiback, Ferdinand commença cette inquisition, non meurtrière comme en 99, mais dont le but était d'examiner la compétence des fonctionnaires publics. De nombreux scrutins furent organisés pour les militaires. Les présidents de ces scrutins étaient deux vieux généraux connus par leur probité et dévoués au roi ; leurs procédés furent impartiaux et pleins d'équité ; ainsi ceux-là seuls furent frappés qui s'étaient signalés par des actes éclatants d'opposition au gouvernement ; tous furent satisfaits de la gestion de ces hommes d'honneur ; mais les intrigues de certains muratistes élevés en grade, qui avaient su jouer leur carte au temps de la constitution, prévalut sur la justice, et les plus acharnés d'entre les *carbonari* furent aussitôt employés dans les tribunaux militaires qui s'établirent dans les provinces, et parmi eux se trouvaient plusieurs capitaines. Les officiers en furent indignés à tel point, qu'ils réclamèrent auprès du roi, qui avait été gravement trompé; car, au grand étonnement de tous les braves, *Tizio*, *Caio* et *Sempronio* avaient été appelés à juger ces mêmes hommes dont ils avaient été les chefs et les complices. On voulut dévoiler au roi cette criante injustice. La démarche fut imprudente et impolitique; je le dis à quelques uns de mes amis; mais l'honnête homme qui voit ses droits passer entre les mains d'un autre qui en est indigne, ne consulte que le mécontentement qui en résulte; et tel père qui manque de pain à donner à ses enfants, se soucie fort peu de ce qu'on appelle convenance : c'est ce qui nous arriva. L'intolérance et les dédains d'un petit nombre perdirent notre cause, et dès-lors l'armée napolitaine n'offrit plus aux officiers distingués que réformes et humiliations. Le roi se voyant trahi crut l'être par ceux mêmes à qui il avait donné plus de confiance. Il ordonna une révision du scrutin, dont le nouveau président fut le lieutenant-général di Sangro; et nos adversaires, en jouissant de notre ruine, commencèrent à briguer pour s'emparer des grades et des emplois qui nous étaient dus. Un certain Jardella, sicilien, lieutenant-général et soi-disant ami du roi, fut nommé ministre de la guerre; le prince de Canosa, ministre de la police; et de Médicis reprit le portefeuille de président du conseil des ministres : tous parlaient contre nous la langue du marquis de Sangro. Canosa, homme rude et novice en politique, arma la gent scélérate et crut ainsi se créer un boulevart contre les libéraux, afin de défendre, les armes à la main, les droits du souverain et de la nation qui l'aborrait à cause de son caractère impétueux et inconséquent. De Médicis, qui avait été tolérant envers les libéraux avant 1820, se déclara ouvertement contre eux, parce qu'ils l'avaient menacé, sans le tuer, au temps de la constitution, et cet homme, double et rusé, fut cause de la décadence des finances et de l'état. De Médicis secondait Jardella, et di Sangro proposait des plans de réforme et d'humiliations pour notre classe, et connaissant la haine de Canosa contre les *carbonari*, ils s'en servirent pour faire décréter, en 1821, la dissolution de l'armée.

La révolution et les principes de subversion avaient fait le tour du globe et partout les militaires non encore déclarés rebelles furent rédaits à la pension de la moitié de la solde. Ni en France, ni en Piémont, les officiers ne furent traités, comme nous le fûmes après les événements de 1821 à Naples. Depuis que le monde existe et que les lois sont connues, jamais les officiers des armées ne furent écartés de leurs fonctions, si ce n'est après avoir été jugés d'après les ordonnances en vigueur. Naples foula donc alors aux pieds toutes les pragmatiques sanctionnées connues dans le monde, et trois personnes en méprisant les droits sacrés de l'équité, de l'humanité et de la justice, nous dépouillèrent de nos grades le plus arbitrairement possible.

L'innocent ayant été confondu avec le coupable en conséquence de cette loi si étrange, presque tous les officiers de l'armée de Murat, perdirent leurs places, ou pour mieux dire, en furent destitués en vertu d'une oraison funèbre rédigée par Canosa, et qui fut l'avant-coureur du terrible décret. Après avoir examiné sa teneur, je vis que c'en était fait de nous. Une suspension de fait n'était autre chose qu'une destitution couverte et présentait à l'armée Sicilienne toute la latitude d'intriguer dans ses intérêts : de là, rapides furent les avancements qu'on prodigua à cette classe de paresseux, et les militaires soi disant *non compresi* furent oubliés, méprisés et opprimés. Cependant durait encore l'occupation militaire des allemands et le philanthropique dévouement d'un Français nommé Dupont adoucit la dureté de ce système. Plusieurs centaines d'officiers se voyaient réduits à acheter leur pain de porte en porte ; mais une âme noble, M. Dupont, entrepreneur général des fournitures pour l'entretien des allemands, vint à leur secours en les employant dans cette vaste administration. C'était pénible de voir des chefs de bataillons, des capitaines et des officiers de tout grade destinés aux barrières, rivalisant d'activité avec les agents des douanes ; celui-ci soutenait son èxistence en écrivant dans un bureau; celui là en pesant les vivres destinés aux vainqueurs, un autre s'en allait demandant aux amis de l'humanité ce pain qui lui avait été ravi par la fatale réforme. Nous avions perdu tout crédit auprès du peuple, surtout auprès de ces êtres qui jugent des événements politiques d'après l'ouï dire : et, pour le malheur de l'homme penseur et philosophe, ceux-ci forment presque toujours le plus grand nombre. Je fus vivement affecté de me voir ainsi dans la fraîcheur de mes années, compris dans le nombre des disgraciés; je songeai aussitôt à en sortir en me disant : « Je suis jeune encore... j'écrirai, je chanterai s'il le faut; » la nature m'avait doué d'une belle voix que j'eus soin toujours de cultiver dans mes moments de loisir. Mais je voulus d'abord assurer ma partie littéraire, attaquant l'ennemi dans ses flancs. En conséquence, je demandai à concourir au poste d'adjoint à l'université. Me présenter à monseigneur de Calangelo, chef du dicastère de l'instruction publique, c'était me soumettre à la plus sévère inquisition. Je me dis : En passant au scrutin, je verrai ce qu'on m'impute et, si les informations me sont contraires, je saurai à quoi m'en tenir. Elles durèrent six mois les recherches que la cour archiépiscopale et la police firent sur mon compte. Tout était mystère, au point que je n'y pensais plus; mais grande fut ma joie quand je reçus une lettre du chef d'office d'un département de cette administration qui m'invitait à me rendre au plus tôt auprès de lui.

Dans ce pays on apprécie si peu les personnes et les talents, que celui qui reçoit une lettre favorable d'un employé croit déjà avoir gagné un terme à la loterie... Je me rends à l'appel, et cet homme me dit : « Je me réjouis avec vous; le résultat des scrutins est pour vous très-flatteur; » je le priai de m'en dire quelque chose, et il ajouta : « La cour archiépiscopale et la police générale ont déclaré en termes divers que votre conduite politique et morale fut toujours irréprochable et l'est encore d'après les derniers rapports des autorités. » Il y a donc encore au monde une justice pour l'homme de bien, m'écriai-je, et mon émotion fut telle que l'officier s'en aperçut et me dit : « J'entends, mais il faut s'armer de courage... En politique, les mesures de réforme sont comme la peste : tel est frappé, tel autre est épargné. Préparez-vous donc au concours, et dans peu de jours, je vous ferai savoir le moment où vous devrez reparaitre. » Après l'avoir remercié de ses bontés, je me retirai en m'affligeant sur le sort de ces malheureux qui, frappés par la faux impitoyable du scrutin militaire, étaient encore en proie aux plus cruelles inquiétudes sur leur avenir. C'est une grande consolation pour l'homme poursuivi par la fortune que le témoignage d'une conscience qui lui dit : « Tu es innoncent. » Mon examen avait pour objet les langues italienne et française et et le catéchisme de la religion dont les instituteurs publics à Naples sont responsables à l'État : sans cela ils ne peuvent être approuvés ni reconnus. Belle contradiction, unique même dans les fastes de l'histoire ! Celui qui avait été éloigné de son grade de capitaine des armées royales parce qu'il était soupçonné sectaire, fut élevé à l'unanimité des votes, à l'honorable emploi d'instituteur public. Toujours en bonne logique le fait suivant a détruit l'antécédent. Sitôt que j'eus mon diplôme en novembre 1824, j'ouvris une institution littéraire dans un des quartiers de la ville, je choisis de bons collaborateurs et fis avancer ma barque à force de rames malgré la modestie du concours. J'étais aimé des voisins; cela ne suffit pas pour augmenter le nombre de mes élèves. Je consultai là dessus un notaire, maître de la maison où je m'étais installé, qui me répondit : « On est convaincu de votre habileté ; mais on vous trouve un peu jeune, et la classe dont vous sortez donne des appréhensions aux pères de famille. Je plaide partout votre cause ; mais je crains que, par envie, les prêtres de la paroisse ne vous fassent la guerre. » Je vis alors que le souvenir de l'échec que j'avais reçu gratuitement était trop frais encore, et qu'il m'était impossible de lutter contre la puissance de ces hommes qui, sous de spécieux prétextes de devoirs de conscience, mènent la cotterie dans les familles. Je renonçai donc, au bout de six mois, à mon nouvel emploi, et je portai mes vues ailleurs. Je fis arracher les armes de mon enseigne. D. Gennaro, propriétaire de la maison, en fut très-affligé.

Le mal est sans remède, lui dis-je, le passage a été trop brusque..... J'ai eu tort...., mais je ne me laisserai plus dominer par de semblables illusions.... On ne peut voguer contre la violence des vents..... Je ferai diversion à ma chûte d'une autre façon. Il me restait encore quelques écus de l'héritage paternel. Je me pris à rêver sur ce que je devais faire. Mes amis me disaient : « Chasse la mélancolie..... Chante....., avec ta voix seule, il dépend de toi de sortir de ta position. » J'avoue que j'éprouvais une grande répugnance à me familiariser avec la caste des musiciens !... En effet, un homme qui a occupé un certain rang dans la société, comment pourrait-il, de gaîte de cœur, s'amalgamer avec ces êtres, qui, pour se faire un nom dans l'art doivent affronter d'abord les sifflements et les huées du peuple, et qui, à force de lutter contre la licence publique de ceux qui payent l'entrée, se sauvent parfois à la nage; mais souvent ils se voient engloutis sous les ondes de cette mer orageuse. Ne sachant à quoi m'occuper, je me pris à étudier la musique; ce qui me distrayait et m'amusait singulièrement, non toutefois sans me fatiguer; mais l'espoir d'un avenir redoublait mes efforts; peu à peu, un germe secret de plaisir allait se développant dans mon sein... Je me disais : « On peut courtiser Euterpe sans devenir chanteur de théâtre, cultiver les beaux arts n'est pas une honte; je ferai donc noblement l'artiste, je donnerai des séances académiques et des leçons de musique; ainsi, s'il ne m'est plus donné d'être utile à l'humanité avec mon épée, je tâcherai au moins de lui plaire par mes chants.» Voilà ce que je me disais à moi-même au sortir de mes études musicales..... Heureusement pour moi, des maîtres distingués s'intéressaient vivement à mon sort : Generali, Fiodo, Parisi et Cordella, auraient voulu que j'entrasse dans la carrière dramatique; je le leur fis espérer afin de pouvoir avancer sous leurs auspices; mais la condition d'acteur était en opposition avec mes principes. M. Nozzari, chanteur célèbre et mon ami, qui avait quitté la carrière théâtrale avec 150,000 ducats d'épargnes, me dissuadait en me disant : « Pour moi qui vous connais, je trouve impossible que vous puissiez supporter toutes les contrariétés et les humiliations qui attendent le jeune nourrisson d'Euterpe à l'entrée de cette pénible arène. D'après le genre d'éducation que vous avez reçue, j'ai la certitude que vous ne sauriez vous familiariser avec les sifflements, fruits de l'intrigue, de la jalousie ou de l'ignorance... Vous seriez homme à vous jeter furibond sur le parterre, de renouveler la scène de Partinico et vous vous exposeriez ainsi à vous faire assommer par le parterre. Croyez-moi, faites plutôt le concertiste; cela ne vous enrichira pas, il est vrai, mais vous conciliera du moins l'estime et le respect du public. Cette idée de soldat musicien a je ne sais quoi de poétique. Et, lorsque vous serez mal disposé, on dira : « C'est un officier; il mérite des égards. »

Au milieu de tant d'opinions diverses, j'écoutais le conseil de chacun et faisais mon chemin, attendant l'occasion de me produire à mon gré. J'assaillais les *maestri* qui ne me connaissaient pas pour me faire entendre d'eux et profiter de leurs conseils. En un mot, je consultais tout le monde pour parvenir à me connaître, me défiant toujours de cet amour propre qui souvent nous fait prendre de faibles lueurs pour une lumière éclatante. A peine commençai-je à m'orienter un peu en musique, que je me produisais avec les *dilettanti* dans les maisons particulières. On ne tarda pas à en parler dans la ville : les hommes judicieux approuvaient ma conduite, les ignorants trouvaient que c'était avilissant pour moi de faire l'artiste; les *virtuosi* et même les chantres célèbres, ou, pour parler comme les français *les hommes à la mode*, se liguèrent contre moi. Quelques-uns d'entre eux que j'avais protégés pendant que je servais comme capitaine à Palerme et que souvent j'avais fait dîner chez moi, faignaient d'être mes amis, et, à mon insu, ils ne laissaient échapper aucune occasion pour me nuire; et aujourd'hui le plus fourbe dans cette caste est celui qui jouit d'une plus grande renommée et qui possède le plus de ducats. Il s'agissait de faire honneur à ma carrière nouvelle et empruntée; partant, je me tenais sur mes gardes, et grâces à mon ardeur, à ma prévoyance et à ma circonspection, j'ai su parer les traits de l'envie. Cependant je ne perdais pas de vue le but de rentrer dans mon grade, et j'allais cherchant le moyen de gagner les faveurs du nouveau roi François Ier. Car Ferdinand, son père, mourut subitement au retour d'une de ses chasses.

François, déjà vicaire général au temps de la constitution, après son avènement au trône, se rendit à Vienne pour y prendre la règle du système qu'il devait adopter au sein d'une immense population, scindée en différents partis qui attendaient de lui la guérison de cette carie, qui, à la faveur de tant de vicissitudes, gangrenait tout, jusqu'à la partie la plus saine. François Ier était un prince très-instruit, et rempli d'intelligence; mais infirme et à charge à lui-même, car le poison avait circulé dans ses veines à la fleur de ses années. Religieux par éducation et animé de la meilleure foi du monde, il prouva qu'il n'avait d'autre but que celui d'améliorer la condition de ses sujets, en plusieurs occasions.

Qui croirait que nous voyant victimes de l'injustice, nos ennemis militaires auraient eu l'imprudence de solliciter le souverain à nous reléguer tous dans l'île de Capri? Etonné de cette haine implacable : « Qu'avez-vous contre ces malheureux? leur dit le roi; toujours irréprochable fut leur conduite. Les leçons du passé m'ont trop éclairé là-dessus. » Etrange destin! comment pouvais-tu faire que ces êtres réduits, en quelque sorte, au néant par Ferdinand, en 1815, dussent ressurgir de leur nullité pour devenir nos bourreaux ? Eh bien, un Carascosa, un Pepe Guillaume et quelques autres, pour arriver à leurs fins égoïstes, cherchèrent à nous écraser en mettant sur la scène, à notre perte, des êtres ineptes plus semblables à des automates qu'à des hommes.

Le ministère n'était point changé, excepté Canosa que de Médicis fit exiler et à juste titre ; car ce prince était capable de tout, si ce n'est de tenir un porte-feuille ; et les faits postérieurs n'ont que trop justifié les dispositions du gouvernement de Naples à son égard. A Modène, où il se réfugia et fut bien accueilli par le duc, sa conduite fut si contradictoire qu'il se fit chasser encore de ce petit état.

Les bonnes intentions du roi François furent frappées de stérilité : d'abord parce que le ministère, connaissant la faiblesse de ce prince, en ajournait les décrets ; en second lieu, parce qu'il était mal entouré dans son palais, Qui ne connait le trafic d'un de ses aides de chambre durant le court règne de ce souverain. Ce fripon ayant fait une ligue offensive et défensive avec Madame de S..., employée à la cour, cet astucieux courtisan vendait au poids de l'or les emplois et les faveurs, qu'il savait extorquer à la bonne foi du roi. Toute la ville en était indignée; mais qui eût osé le démasquer? De Médicis l'aurait pu et il était homme à le faire, ne fut-ce que pour se débarrasser d'un concurrent qui souvent le faisait paraître faux et mensonger à l'égard de ses protégés; mais le rusé ministre s'estimait trop heureux d'être resté au service de François Ier, lui qui, en 1815, l'avait fait exiler par son père, parce que sa présence lui donnait de l'ombrage dans le conseil d'état. Les hommes clairvoyants voyaient très-bien cette confusion dans les affaires; mais, pour ne pas heurter, l'on marchait avec précaution évitant les écueils et les bancs de sable sur lesquels les vaisseaux éprouvent des dommages considérables. Avant donc de me résoudre à faire l'artiste, je voulus tenter la bonhomie du roi : mes amis me le conseillaient, et moi-même j'étais persuadé que pour peu qu'on voulût me rendre justice, je devais être rappelé au service, réintégré dans mes droits ou indemnisé de quelque manière; mais je n'avais pas encore entendu sonner à mes oreilles ces paroles du capitaine d'artillerie Pallamolla, commandant du fort de Castellamare de Palerme, lorsque j'étais là détenu en attendant mon jugement : « Quand se terminera votre cause? me dit-il un jour; attendez-vous en dormant que la justice descende du ciel comme la manne des anciens? Sortez enfin de cette léthargie; sachez qu'il n'y a pas de justice au monde et que celui-là seul l'obtient qui sait se la faire rendre. » Cette sentence est vaste et profonde, et si tous les êtres animés ressemblaient à cet homme, le nombre des malheureux serait bien petit dans le monde.

François Ier commença à donner ses audiences publiques assis sur un fauteil, ne pouvant pas se tenir debout, et muni de tous les objets nécessaires pour écrire. Il prêtait une oreille attentive aux cris de ses sujets. Debout et immobiles comme des statues, les grands de sa cour écoutaient les dialogues qui avaient lieu journellement entre le souverain et ses sujets. Une armée de gardes ornaient le palais et bordaient le passage qui conduisait à la salle du roi. Tout cela était de nature à intimider quiconque s'approchait du trône. Je demandai une audience et je l'obtins : je dressai ma requête, et quand mon tour se présenta, je me dirigeai vers le palais des Bourbons de Naples. Je monte à l'étage supérieur où le roi, à cause de ses infirmités, se faisait transporter sur une chaise à porteur que l'on faisait monter doucement au moyen d'une mécanique organisée à cet effet. Je traverse les appartements mesurant tous mes pas, et j'arrive enfin auprès de S. M. Je lui parlai avec beaucoup d'énergie et je n'obtins rien.

De là je courus au café pour y joindre mes

amis et mes braves camarades qui m'y attendaient en grand nombre. Je ne pouvais revenir de la surprise que m'avait causée ce superbe étalage de la majesté royale et le singulier dialogue que j'avais eu avec le souverain, qui, à le voir, avait la douceur de l'agneau, et qui savait, au besoin, imiter la fierté sévère du lion.

J'exposai fidèlement à mes amis ce qui venait de m'arriver, et je leur dis : « Si je ne suis pas employé, vous vous persuaderez, je pense, que tout espoir est perdu pour nous; notre résurrection est désormais impossible. J'attendrai encore quelques jours, je vérifierai le contenu de l'apostille dont je prévois la nullité. Après cela je prendrai mes mesures. » La décision du roi fut telle que je l'avais prévue, parce que mon placet avait été remis à ce même Fardella, ministre de la guerre, et notre ennemi juré. Il est facile de comprendre que m'accorder ma demande, c'eût été suggérer à mes collègues l'idée de réclamer aussi leurs droits;

mais ne pouvait-on pas les satisfaire en employant tous ceux qui le méritaient.

Fatigué de tant d'intrigues et d'injustices, je renonçai pour toujours à une carrière dans laquelle j'avais dû boire jusqu'à la lie le calice des peines et des amertumes. Je me hâtai de me liguer avec les musiciens de la capitale, et je donnai ma première séance académique au théâtre neuf, où je reçus des applaudissements flatteurs. J'eus le bonheur de me concilier l'estime et l'affection de plusieurs nobles siciliens.

Je partis pour la Sicile, protégé par les princes de Campo Franco et de Cuto, seigneurs pleins d'amabilités et de courtoisie : ils m'offrirent, dans leur palais, table, logement et voitures; je les exerçai dans les langues italienne et française, et très-souvent, à l'ombre de leur protection, je donnais mes petits concerts. Je passai deux ans dans l'île loin des intrigues et du bruit et au sein d'une paix parfaite, et jamais je ne serais rentré à Naples, si ma santé n'était allée s'altérant sous l'influence de ce climat humide et inconstant. Je voulais voir Malte : je partis de Palerme par terre ; je donnai des concerts à Messine et à Catania, et de là je m'embarquai pour l'île. Partout j'eus le bonheur de plaire et d'être bien accueilli. La sentence de Nozzari se vérifia et je fus content de moi.

A Malte je fus invité chez les officiers anglais ; je fis de la musique dans leurs casino ; les artistes dramatiques se déclarèrent contre moi ; mais ils furent enfin battus. Je compris alors à quelle engeance j'avais affaire, et, dans mon voyage en Europe, j'ai trouvé beaucoup de ces hommes qui cherchaient toutes les occasions de supplanter leurs rivaux, excepté en France où l'on aime à la folie le chant italien, et où les maîtres de l'art et les dilettanti s'empressent à l'envi de protéger le *virtuoso* voyageur. De Malte je revins en Sicile, et de la Sicile je repartis pour Naples.

Tout languissait pour nous. Revenu de

l'Espagne, où il avait accompagné sa fille Christine, le roi tomba malade et mourut peu de temps après : Médicis avait laissé ses os à Madrid. La mort de François Ier jeta le désordre et la confusion dans le ministère, à cause de la jeunesse de l'héritier. On connaissait dans la ville ce décès, et cependant la nouvelle n'en fut publiée officiellement que trois jours après. Ferdinand, son fils, était président du conseil suprême et long-temps il avait fait les fonctions de vicaire-général.

Après les cérémonies funèbres, Ferdinand II fut proclamé roi de Naples au milieu des fêtes publiques et des acclamations du peuple. Cédant aux sollicitations de mes camarades, je m'étais présenté maintes fois à son audience, afin de l'intéresser en notre faveur; il était facile d'espérer d'un jeune prince une amélioration de notre sort. De fait, il était animé des meilleures intentions, mais Fardella était là. Un roi sans expérience ne sut pas résister aux instigations de son ancien précepteur, qui avait vieilli dans les intrigues des cours. Cet homme se servit de son ascendant pour paralyser les premiers mouvements de la clémence du souverain, qui, d'un trait de plume, pouvait relever la condition de tant d'hommes de mérite. Mon intention n'était plus de servir dans la milice; car il aurait fallu passer à la queue de l'armée; ce que je n'aurais su faire. Mais j'aurais tiré parti ailleurs de ma réintégration. Mon plan échoua, et fatigué de me voir au milieu de ces êtres qui avaient joué dans la comédie mille rôles divers, je portai mes vues ailleurs.

FIN.

Valence, impr. de J. Marc Aurel.

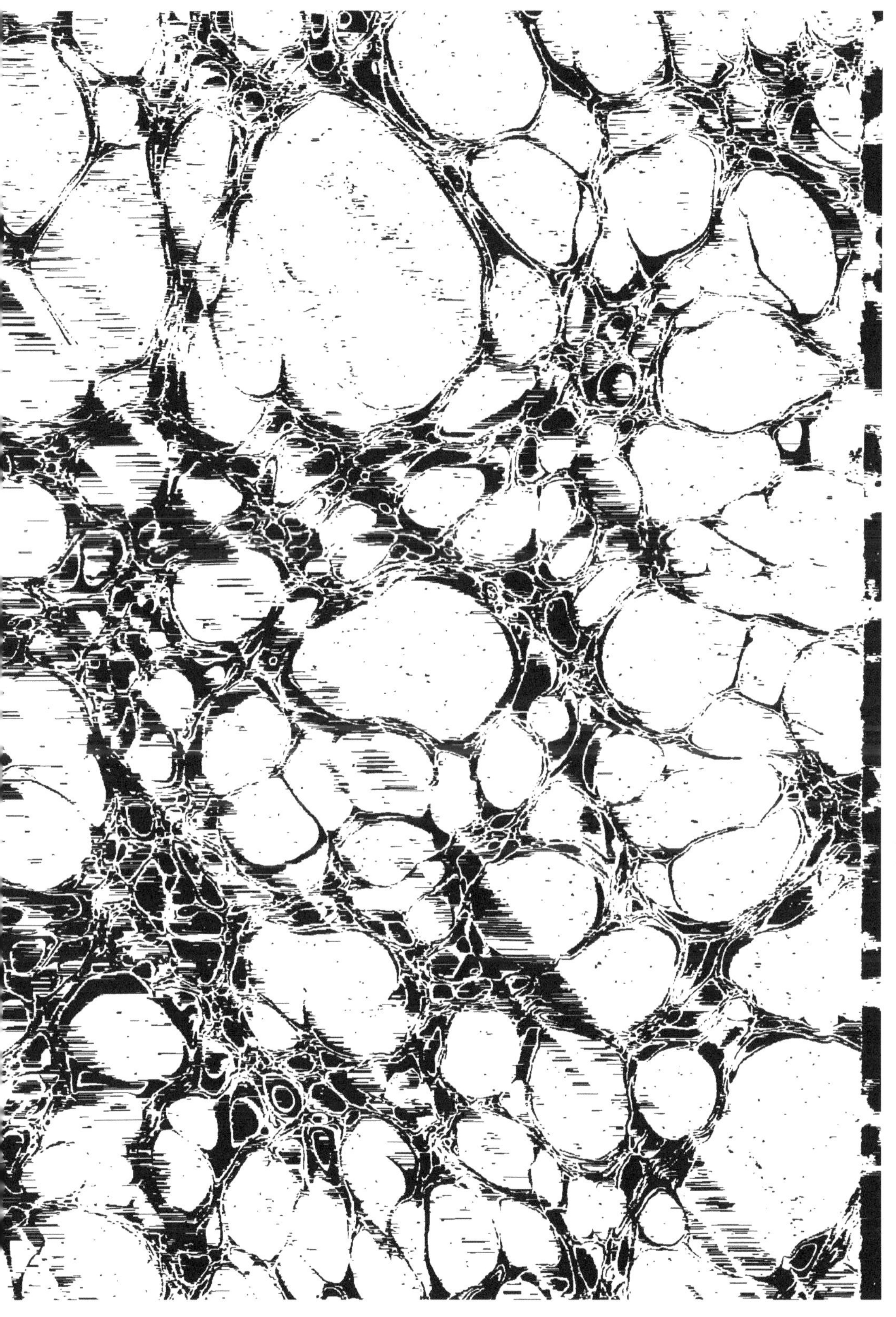

www.ingramcontent.com/pod-product-compliance
Ingram Content Group UK Ltd.
Pitfield, Milton Keynes, MK11 3LW, UK
UKHW012207240726
13966UKWH00002B/617